Nahrungsmittel-allergien

Dr. med. Claudia Thiel · Angelika Ilies

Kochen & Backen bei Nahrungsmittelallergien

FALKEN

Zu diesem Buch

Hinweise zu den Rezepten

Zu diesem Buch

Was Sie unbedingt vor Gebrauch des Buches lesen sollten

Ein anderes Kochbuch

Auf dem Markt findet sich eine Reihe von Kochbüchern zu dem Thema Nahrungsmittelallergien, doch nicht alle sind empfehlenswert. Ihr Nachteil besteht meist in der eingeschränkten Rezeptauswahl, die sich nur auf die Vermeidung ganz bestimmter Allergene bezieht (z. B. Rezepte für den Kuhmilchallergiker oder Rezepte für den Getreideallergiker). Sie könnten sich dennoch die Frage stellen, ob ein weiteres Kochbuch wirklich vonnöten ist.

Die Antwort ist Ja, denn das vorliegende Buch will keine Wiederholung des bereits mehrfach Geschriebenen darstellen; vielmehr wird hier der Versuch unternommen, eine Lücke zu füllen. Der Allergiker soll sich nicht krank fühlen, sondern unter Zuhilfenahme dieses Buches kreativ werden. Es zeigt, daß man trotz Allergie durchaus vielfältig kochen, phantasievoll variieren und Freude am Essen haben kann und ermutigt, sogar Freunde zum Essen einzuladen.

Der individuelle Nutzen

Hingewiesen sei darauf, daß es keine allgemeinverbindliche Allergiediät gibt. Deshalb müßten wir eigentlich für jeden Allergiekranken ein eigenes Kochbuch schreiben, denn die Nahrungsmittel, die nicht gegessen werden dürfen, sind von Patient zu Patient unterschiedlich. Ein solches Projekt ist natürlich nicht möglich. Darum war es unser Ziel, dieses Buch so zu gestalten, daß jeder Allergiker es ganz individuell nutzen kann. Wir haben es nach einem Bausteinprinzip konzipiert. Ausgangspunkt ist jeweils ein einfaches, auf die notwendigsten Zutaten reduziertes Grundrezept (Basisrezept), und dazu gibt es Vorschläge zum individuellen Austausch der Grundzutaten (die Rezeptvariationen) und zur individuellen Erweiterung der Zutatenpalette (die Rezepterweiterungen und -ideen), die der Verfeinerung dienen. Hierdurch ergeben sich viele Variationsmöglichkeiten, die es dem Allergiekranken, je nach Verträglichkeit, leichtmachen, Grundrezepte ganz nach seinen Bedürfnissen zu verändern, um so deren Geschmack und Qualität zu verbessern.

Neben dem vielfältigen Austauschangebot ist auch die eigene Kreativität gefragt. Von Fall zu Fall sind Tips und Hinweise zur Küchentechnik, zur Qualitätsverbesserung von Speisen sowie zu ihrer Lagerung und Haltbarkeit eingestreut. Auf den Seiten 34 und 35 können Sie genau nachlesen, nach welcher Vorgehensweise der Rezeptteil am besten zu nutzen ist.

Grundsätzliches

Ein Grundsatz dieses Buches lautet, möglichst alles selbst herzustellen, damit die Speisen „durchschaubar" bleiben. Vorgefertigte Mischprodukte (wie z. B. Fertigsaucen, Fertigsuppen oder Saucenbinder, Käsekuchenhilfen und andere Speisenhilfen) und Zusatzstoffe wurden deshalb bewußt weggelassen.

Das Verzeichnis der Rezepte

Weil sich das Buch an alle Nahrungsmittelallergiker wendet, wurde auch auf ein Register verzichtet, dessen Stichworte nach verschiedenen Allergien sortiert sind. Dieses Buch enthält ein ganz normales Rezeptverzeichnis, in dem die Gerichte einzelnen Gruppen, wie z. B. Hauptgerichte mit Gemüse, Beilagen oder Desserts, zugeordnet sind.

Ein Buch für alle

Obwohl sich dieses Buch vorrangig an Patienten richtet, ist es gleichermaßen ein wertvoller Ratgeber für Studenten der Medizin und der Ernährungswissenschaft, für allergologisch tätige Ärzte und Ernährungsberater, für Diätassistentinnen und -assistenten sowie für Küchenchefs in Kliniken und Kuranstalten.
Durch seinen Aufbau soll das Kochbuch ein über Jahre gebrauchsfähiges Arbeitsbuch für jedermann sein.

Nahrungsmittelallergie: Definition – Diagnose – Diät

Was ist eine Nahrungsmittelallergie?

Eine Definition

Unter einer echten Nahrungsmittelallergie versteht man eine überempfindlichkeitsbedingte (immunologische) Reaktion nach dem Verzehr von Nahrungsmitteln. Dabei kommt es, bedingt durch das Nahrungsmittelallergen, zu einer Antigen-Antikörper-Reaktion.
Der Begriff „Nahrungsmittelallergie“ ist erst dann aussagekräftig, wenn er mit Angaben zur Art der Erkrankung und mit der Nennung derjenigen Lebensmittel verbunden ist, gegen die eine Allergie besteht.

Man sollte also zum Beispiel von Magen-Darm-Beschwerden, von Nesselfieber oder Quincke-Ödemen (Schwellungen am Körper), von Ekzemen (z. B. Neurodermitis), von Asthma und Schnupfen bei Allergie gegen Kuhmilch, Sellerie, Möhren, Gewürze, Obst, Nüsse oder Getreide sprechen.

Die Vererbung

Die Neigung, überhaupt allergisch zu reagieren, wird bei einer Vielzahl der Patienten durch ihr Erbgut erworben (etwa in 70% aller Fälle). Das bedeutet aber nicht, daß jeder, der diese Erbanlage in sich trägt, auch an einer allergischen Erkrankung leiden muß. Ein Beispiel: Hat die Mutter eine Hühnereiallergie, so kann es durchaus sein, daß ihre Tochter entweder gar keine Nahrungsmittelallergie bekommt, oder daß sie eventuell auf ein anderes Nahrungsmittel allergisch reagiert. Gelegentlich wird auch das gleiche Allergiemuster vererbt.

Die Sensibilisierung

Ob und mit welchem Schweregrad eine allergische Erkrankung durch Nahrungsmittel entsteht, ist von vielfältigen anderen Faktoren abhängig – zum Beispiel von den Verzehrgewohnheiten, von der Zubereitungsart der Speisen und davon, ob die Veranlagung zur Allergie hochgradig oder wenig ausgeprägt ist.
Nahrungsmittel, die Sie noch nie zuvor gegessen haben, können beim erstmaligen Genuß keine allergische Erkrankung auslösen. Deren Ausbruch setzt den Verzehr dieser Nahrungsmittel über einige Wochen oder Monate, ja meist sogar über einige Jahre hinweg, voraus. Wir sprechen von einer Sensibilisierung, wenn der Organismus Antikörper (Abwehrstoffe) gegen das eine oder andere Nahrungsmittelallergen bildet. Diese Sensibilisierung drückt sich durch positive Hauttests und/oder durch positive Bluttests aus. Positive Ergebnisse allein beweisen aber noch nicht, daß der Patient durch den Verzehr eines getesteten Nahrungsmittels auch erkrankt. Es ist deshalb wenig sinnvoll, sich bei der Entscheidung, ob eine Allergiediät erforderlich wird oder nicht, ausschließlich an einem Allergietestbogen zu orientieren.

Das sollten Sie wissen:

Stellen Sie die Diagnose nicht selbst!
Orientieren Sie sich nicht nur an Ihren eigenen Eindrücken!
Richten Sie sich nicht ausschließlich nach Zeitungsmeldungen oder Fernsehsendungen!
In letzteren kann bestenfalls Allgemeines, aber niemals Verbindliches über Ihre Krankheit berichtet werden, und selbst das Gesagte muß auf Ihre Situation nicht unbedingt zutreffen.
Suchen Sie einen allergologisch tätigen Arzt mit Erfahrung auf! Er wird anhand Ihrer Krankengeschichte (Anamnese) und gegebenenfalls durch verschiedene Tests eine eindeutige Diagnose stellen.

Nicht immer steckt eine Nahrungsmittelallergie dahinter

Es gibt eine Vielzahl von Erkrankungen, Beschwerden und Symptomen, die durch eine Nahrungsmittelallergie ausgelöst werden können, die aber auch ganz andere Ursachen haben können. Werden diese nicht erkannt, kann das schlimme Folgen nach sich ziehen (Verkennung einer anderen Krankheit), und der Erfolg einer Allergiediät bleibt dann aus. Einen solchen Zusammenhang zu erkennen und gegebenenfalls andere Ursachen zu benennen, ist Aufgabe Ihres Arztes.
Störungen des Allgemeinbefindens können bei fast allen allergischen wie auch nichtallergischen Erkrankungen auftreten. Sie lassen sich den Bereichen der inneren Medizin, der Hals-Nasen-Ohren-Heilkunde, der Dermatologie, der Gastroenterologie wie auch der Lungenheilkunde zuordnen und sprechen niemals ausschließlich für eine Nahrungsmittelallergie. Die folgende Tabelle zeigt einige Beispiele.

Krankheiten und Beschwerden, die durch eine Nahrungsmittelallergie ausgelöst werden können	Andere mögliche Ursachen für die Beschwerden
Chronischer Schnupfen	Infekte, Heuschnupfen, Kieferhöhlenentzündungen, Inhalationsallergene (Schimmelsporen, Hausstaubmilben, Tierhaare und andere)
Husten, Verschleimung	Rauchen, Luftverschmutzung, Infekte (Viren, Bakterien), Inhalationsallergene (Beispiele siehe oberste Spalte)
Atemnot, Asthma bronchiale	Infekte, Nasennebenhöhlenerkrankungen, Rauchen, Luftverschmutzung, Inhalationsallergene (Beispiele siehe oben), Lungenentzündung
Ausschlag im Gesicht (Ekzeme)	verschiedene nichtallergische Hauterkrankungen, Hormonstörungen, Kontaktallergie durch Kosmetika, Neurodermitis oder Schuppenflechte u.v.a.

Krankheiten und Beschwerden, die durch eine Nahrungsmittelallergie ausgelöst werden können	Andere mögliche Ursachen für die Beschwerden
Nesselfieber (Urticaria)	virale und bakterielle Infekte, Pilzinfektionen, Entzündungsherde im Körper (Zähne, Gallensteine, Blinddarmentzündung), Kälte, Wärme, nervöse Störungen, Hormonstörungen, Medikamente, Erkrankungen des Immunsystems, rheumatische Erkrankungen u.v.a.
Schwellungen am Körper (Quincke-Ödeme)	wie bei Nesselfieber, auch Nierenerkrankungen, rheumatische Erkrankungen u.v.a.
Geschwollene Augenlider, Bindehautentzündung	Kontaktallergien durch Kosmetika, Augeninfektionen, Inhalationsallergene (Beispiele siehe oben), spezielle Augenerkrankungen, chronische Nasennebenhöhlenentzündungen, internistische Erkrankungen, Hormonstörungen u.v.a.
Kopfschmerzen, Migräne	viele Infektionen, internistische Erkrankungen, neurologische Erkrankungen, Hormonstörungen, psychisch- und streßbedingt, zu wenig Schlaf, Medikamente, zu hoher Blutdruck, Stoffwechselkrankheiten u.v.a.
Gelenkschwellungen und -schmerzen	internistische Erkrankungen, rheumatische Erkrankungen, Polyarthritis, Verschleißerscheinungen (Abnutzung), Bewegungsmangel, Infektionskrankheiten u.v.a.
Ausschlag am ganzen Körper (z. B. Neurodermitis)	Neurodermitis (zählt zu den Erbleiden, ist niemals alleine allergisch bedingt), Klimafaktoren, Hormonstörungen, psychische Störungen, Kontaktallergien durch Kosmetika und Körperpflegemittel, Kontaktallergien durch Lokalbehandlung mit Salben und Cremes, Infektionen der Haut, viele andere Hauterkrankungen stehen zur Diskussion, falsche Hautpflege, Streß, Inhalationsallergene (Beispiele siehe oben)
Schleimhautreaktionen in Mund- und Rachenraum	Parodontose, entzündete Zähne, Rauchen, falsche Mundpflege, Kontaktallergie durch Zahnpasta oder Mundwasser, allgemein Infektionen im Mundraum, Metallallergie

Anmerkung: Die Anzeichen (Symptome) einer Krankheit sagen noch nichts über ihre Ursachen aus! Es muß zunächst eine eindeutige Diagnose gestellt werden.

Test wiederholen

Bei einer Vielzahl von Patienten wird immer wieder festgestellt, daß eine Nahrungsmittelallergie kein lebenslanges Schicksal bedeuten muß. Deshalb ist es sinnvoll, Allergietests etwa alle zwei bis drei Jahre zu wiederholen und sich gleichzeitig ärztlich beraten zu lassen. Dabei sollte der aktuelle Stand der Erkrankung ermittelt und die notwendigen Einschränkungen im Rahmen der Diät neu festgelegt werden.
Ein gutes Beispiel ist die Tatsache, daß die meisten Kinder, die an Kuhmilchallergie leiden, diese bis zum sechsten Lebensjahr verlieren.

Toleranz ist möglich

Oft ergibt sich nach drei- bis sechsjähriger Einhaltung einer einschränkenden Diät eine zunehmende Verträglichkeit (Toleranz). Im Zuge dieser Toleranzzunahme kann der Betroffene kleinere Mengen seiner allergenhaltigen Nahrungsmittel gelegentlich wieder essen und wird sie auch vertragen. Ob und in welchem Umfang dies der Fall ist, hängt von der Art der Erkrankung, die durch ein bestimmtes Nahrungsmittel ausgelöst wird, sowie vom Grad der Sensibilisierung (hochgradige oder nur leichte allergische Reaktion) ab. Auch die allergene Potenz (Stärke des Allergens) des jeweiligen Nahrungsmittels für den einzelnen Patienten spielt eine große Rolle.

Es gibt auch Ausnahmen

Hochgradige Nahrungsmittelallergien bleiben oft ein ganzes Leben lang bestehen. Bei ihren Auslösern kann es sich gelegentlich um die Träger hochaggressiver Allergene, wie verschiedene Fischsorten (meist Salzwasserfische), mitunter auch um das Hühnerei handeln. Schon seltener tritt beim Erwachsenen die ein Leben lang anhaltende schwere Form der Kuhmilchallergie auf. Allergien gegen Nüsse oder Äpfel, gegen Sellerie oder Pflanzensamen, wie z. B. Sonnenblumenkerne, Sesam- oder Mohnsamen, können auch eine lebenslange Belastung darstellen.

Den Umfang festlegen

Anhand der Krankengeschichte (Anamnese), durch Allergiehauttests, Allergielabortests, Auslaßtests und/oder Provokationstests können Arzt und Patient gemeinsam feststellen, welche Bedeutung positive Testergebnisse für den möglichen Krankheitsverlauf haben und in welchem Umfang eine Diät erforderlich wird. Letzteres richtet sich nach Art und Schweregrad der Erkrankung und nach den Nahrungsmittelallergenen bzw. nach den Nahrungsmitteln, gegen die ein Patient allergisch ist.
Dies unterliegt selten einem Alles-oder-Nichts-Gesetz. Die Festlegung einer Allergiediät darf sich somit nicht ausschließlich auf einen Testbogen oder einen Laborbefund stützen und nicht ohne die Hilfe eines Arztes erfolgen. Wird doch so vorgegangen, dann kann man sich allzuleicht entweder für eine übertrieben strenge Diät entscheiden, die möglicherweise binnen kurzer Zeit zu einer Mangelernährung führt, oder man übersieht bedrohliche Allergien anderer Art. Ein solches Vorgehen führt erfahrungsgemäß fast nie zum gewünschten Erfolg. Wenn Allergiehauttests und vielleicht auch Blutuntersuchungen in bezug auf bestimmte Nahrungsmittel positiv ausfallen, das heißt, eindeutig erscheinen, müssen die Notwendigkeit und das Ausmaß der Einschränkungen im Kostplan vom Arzt geprüft werden. Dies ist nicht nur für den Erfolg einer Allergiediät, also für das Erreichen von Beschwerdefreiheit, wichtig, sondern dient auch der Sicherstellung einer ausreichenden Nährstoffversorgung.

„Erlaubtlisten“ zusammenstellen

Es ist also erforderlich, daß Arzt und Patient, am besten zusammen mit einem kompetenten Ernährungsberater, festlegen,

- was gar nicht verzehrt werden darf (auch nicht in Spuren),
- welche Nahrungsmittel nur in begrenztem Umfang gegessen werden dürfen und
- welche trotz eventuell positiver Hauttests dennoch erlaubt sind.

Hier ist auch zu berücksichtigen, daß manche Nahrungsmittel durch den Zubereitungsprozeß (z. B. Kochen, Backen oder Braten) ihre allergene Bedeutung für den Patienten teilweise oder gänzlich verlieren können.
Meist wird alles viel zu kompliziert, wenn Sie sich ausschließlich auf Verbotslisten stützen. Es ist vielmehr sinnvoll, eine „Erlaubtliste“ zusammenzustellen, die mit dem Arzt oder dem Ernährungsberater hinsichtlich der Allergenvermeidung und der Sicherstellung der Nährstoffversorgung besprochen werden muß. Um diese zu gewährleisten, sind gelegentlich Kompromisse erforderlich. Manchmal müssen sogar geringfügige Beschwerden mitunter auch durch die Einnahme von leichten Medikamenten zur Behandlung einer Allergie (andere als Cortison!) in Kauf genommen werden. Der Verzehr von notwendigen Grundnahrungsmitteln und die Versorgung mit Vitaminen, Mineralstoffen und Spurenelementen steht dann im Vordergrund. Ob im Einzelfall medikamentöse Gaben bestimmter Nährstoffe (z. B. Calziumtabletten bei schwerer Kuhmilchallergie) notwendig sind, entscheidet der Arzt.
Verbotslisten sind die pessimistische Version, „Erlaubtlisten“ hingegen lassen Spielraum für Kreativität, machen den betroffenen Patienten sicher und unabhängig.

Zu den Rezepten im Buch

Die auf den Seiten 21 bis 23 erwähnten Nahrungsmittel, die zum Teil schwere Allergien auslösen, kommen in den Rezepten nur selten vor, und dies zugunsten derjenigen, die weniger oft und weniger schwere, klinisch bedeutsame Erkrankungen auslösen (→ Seite 18 bis 20 und 21 bis 23). Für die häufig allergieauslösenden Nahrungsmittel wurden Austauschprodukte (Rezeptvariationen) eingesetzt.

Das sollten Sie wissen:

Ein Kochbuch für Allergiekranke kann niemals dazu geeignet sein, daß ein Betroffener ohne Betreuung durch einen allergologisch tätigen Arzt und gegebenenfalls durch einen von diesem beauftragten kompetenten Ernährungsberater eine wirksame Allergiediät beginnt.

Vorteile einer vollwertigen „Hausmannskost" aus der eigenen Küche

Selber kochen

Was es bedeuten kann, wenn Sie Ihren täglichen Kostplan selbst zusammenstellen und die Mahlzeiten selber zubereiten, das zeigt die folgende Auflistung.

- **1.** Begrenzte Auswahl von Grundnahrungsmitteln und sonstigen Zutaten pro Tag
- **2.** Verzicht auf Fertigprodukte, da alle Gerichte selbst zubereitet werden (das bedeutet zusatzstofffrei)
- **3.** Begrenzte Verwendung von Kräutern und Gewürzen
- **4.** Der überwiegende Anteil der Kost wird einer leichten Denaturierung (durch Garen) unterzogen
- **5.** Keine ausschließliche Vollwertkost, jedoch gezielte Zusammenstellung einer vollwertigen Kost
- **6.** Rotation der verschiedenen Nahrungsmittel: Wechsel von Gemüse, Fleisch, Fisch, Obst und anderem von Tag zu Tag
- **7.** Verzicht auf einseitige, ideologisch gefärbte Ernährungsempfehlungen (z. B. sogenannte Immundiäten)
- **8.** Verzehr von vitamin- und mineralstoffreichem Obst und Gemüse der Saison
- **9.** Nährstoffschonende Zubereitungsmethoden (Erhalt von Vitaminen und von Mineralstoffen)

Der Vorteil

Eine Ernährung entsprechend den genannten Vorgaben stellt sicher, daß keine „Allergenüberladung" stattfindet, wie dies zum Beispiel durch den Verzehr vielfältiger Fertigprodukte aus Tüten oder Dosen geschehen kann. Einer der Hauptgründe für die Zunahme von Nahrungsmittelallergien liegt darin, daß die Zahl der verschiedenen pro Tag gegessenen Nahrungsmittel und Nahrungsmittelzusätze bei unkontrolliertem Verzehr zunehmend größer wird.

Aus alt mach neu

Eine Rückkehr zu bewährten althergebrachten Ernährungsgewohnheiten ist bei Nahrungsmittelallergikern sinnvoll. Dies bedeutet aber keinesfalls, daß die tägliche Kost wenig vielfältig und recht eintönig im Geschmack sein muß. Selbst in Kochbüchern aus Omas Zeiten finden sich häufig viele wertvolle Tips für eine einfache Zubereitung sehr schmackhafter und abwechslungsreicher Speisen. Es gilt, Bewährtes mit neuen Ideen vernünftig zu verbinden. Nur dann macht eine Allergiediät Freude und bringt den gewünschten Erfolg.

Was Sie Ihren Arzt vor dem Gebrauch von Kochrezepten fragen sollten

Ganz wichtig

Im folgenden finden Sie eine Liste der wichtigsten Fragen. Machen Sie sich doch einfach eine Fotokopie dieser Seite, und nehmen Sie diese mit zu Ihrem nächsten Arzttermin. Dann vergessen Sie nichts und können alle Antworten direkt notieren.

Der praktische Nutzen

Aus den Antworten ergibt sich die „Erlaubtliste" (→ Seite 12). Mit Hilfe der Angaben können Sie nun passende Gerichte (Rezepte) aus Kochbüchern auswählen und gegebenenfalls etwas abwandeln (Zutaten weglassen oder austauschen). Ganz besonders gut funktioniert das bei dem Rezeptangebot in diesem Buch, denn wir gehen von ganz einfachen Basisrezepten aus und bieten eine Menge Variationen, Erweiterungen und Ideen an.

Checkliste:

1. Welche Nahrungs- und Genußmittel darf ich unter keinen Umständen – auch nicht in Spuren – essen?

2. Welche Nahrungs- und Genußmittel sowie sonstige Zutaten darf ich in unbegrenzter Menge und bei beliebiger Zubereitung verzehren?

3. Welche Nahrungs- und Genußmittel oder sonstige Zutaten darf ich in begrenztem Umfang zu mir nehmen (z. B. in kleineren Mengen als Kochhilfe oder als Zusatz)? Wie groß dürfen die Mengen im Einzelfall sein?

4. Welche Nahrungsmittel darf ich in gekochtem, gebratenem oder anderweitig gegartem Zustand, aber niemals roh essen? Wie groß dürfen die jeweiligen Mengen sein?

Kleine Lebensmittelkunde aus allergologischer Sicht

Was sind Gruppenallergien?

Kreuzverwandtschaft

Es ist eine Tatsache, daß selbst die Pollen einer Pflanze bereits gleiche Allergene wie die spätere Frucht (ein Nahrungsmittel) aufweisen. Folglich leiden die Pollenallergiker mit Heuschnupfen und/oder Heuasthma besonders häufig auch an Allergien gegen pflanzliche Nahrungsmittel, wie z.B. bestimmte Obst- und Gemüsesorten, Kräuter, Gewürze, Nüsse, Pflanzensamen oder Getreidesorten.
So vertragen Baumpollenallergiker (z. B. Apfelpollen- oder Haselnußpollenallergiker) oft frische Früchte (z. B. Äpfel, Kirschen, Pfirsiche, Kiwis, Nüsse, insbesondere Haselnüsse) nicht. Dieses Phänomen sollte berücksichtigt werden, wenn verschiedene Pollenallergien (z. B. gegen Baumpollen, Getreidepollen, Graspollen, Kräuterpollen, Blumenpollen) bei den einzelnen Patienten bekannt sind.
Man spricht bei solchen Zusammenhängen auch von Kreuzreagibilität (Kreuzverwandtschaft) zu Pollenallergenen.

Allergenverwandtschaft

Hinzu kommt, daß die Pflanzen, von denen unsere Nahrungsmittel stammen, unterschiedlichen Pflanzenfamilien angehören. Reagiert ein Patient auf ein bestimmtes Nahrungsmittel, ist es möglich, daß sich aus dessen Zugehörigkeit zu einer bestimmten Pflanzenfamilie Hinweise ergeben, welche weiteren Nahrungsmittel eventuell noch krankheitsauslösend sind und von vornherein mit Zurückhaltung zu verwenden sind. Es ist daraufhin auch zu entscheiden, ob einige dieser Nahrungsmittel getestet werden müssen. Der Grund dafür ist, daß einige Nahrungsmittel innerhalb einer Pflanzenfamilie ähnliche Allergene enthalten.
Man nennt solche Zusammenhänge Gruppenallergien, spricht aber auch von Allergenverwandtschaft.

Nach Pflanzenfamilien sortierte Nahrungsmittel mit Angaben zu ihrer allergologischen Bedeutung

Die nachfolgende Auflistung führt Nahrungsmittel und Blütenpollen sortiert nach ihrer Zugehörigkeit zu Pflanzenfamilien auf. Innerhalb einer Pflanzenfamilie bestehen partielle Kreuzverwandtschaften. Jene Nahrungsmittel, die (besonders im rohen Zustand) häufiger allergische Reaktionen auslösen, sind mit einer Raute (◆) gekennzeichnet. Die Pollen der Pflanzen sind in diese Kennzeichnung nicht einbezogen.

Hinweis:

Grundsätzlich kann natürlich jedes Nahrungsmittel als Träger eines Allergens in Frage kommen. Der Patient muß also seinen speziellen Fall mit dem Arzt besprechen.

Pflanzliche Nahrungsmittel und Pollen in Zuordnung zu ihren Pflanzenfamilien

Actinidiaceae
(Strahlengriffelgewächse)
◆ Kiwi

Anacardiaceae
(Sumachgewächse)
Cashewnuß
◆ Mango
Pistazie

Betulaceae
(Birkengewächse)
Birkenpollen
Erlenpollen
◆ Haselnuß
Haselpollen

Caricaceae
(Melonenbaumgewächse)
◆ Papaya

Chenopodiaceae
(Gänsefußgewächse)
Mangold
Rote Bete
Spinat

Compositae
(Korbblütengewächse)
Artischocke
◆ Beifußblatt
(Würz- oder Teezusatz)
Blattsalat
Chicorée
Endivie
◆ Kamille
Kopfsalat
Lattich (Sommerendivie)
Löwenzahn
◆ Saflor (in Safloröl)
Schafgarbe (Teezusatz)
◆ Sonnenblumenkerne
Sternanis
Topinambur
(Knollensonnenblume)
Wermut

Cucurbitaceae
(Kürbisgewächse)
Gurke
Kürbis
◆ Melone (Honigmelone)
Zucchini

Cruciferae
(Kreuzblütengewächse)
Blumenkohl
Broccoli
Brunnenkresse
Chinakohl
Grünkohl
Kohlrabi
Meerrettich
Radieschen
Raps (in Rapsöl)
Rettich
Rosenkohl
◆ Senf
Weißkohl
Wirsing

Ericaceae
(Heidekrautgewächse)
Heidelbeere
Moosbeere
Preiselbeere

Fagaceae
(Buchengewächse)
Bockshornklee (als Keime)
Edelkastanie

Gramineae
(Süßgräser)
◆ Gerste
Graspollen
Hafer
Hirse
◆ Mais
Melasse (in dunklem Rum)
Reis
◆ Roggenmehl
Roggenpollen
Rohrzucker
(Haushaltszucker)
Sorghummehl (Hirse)
◆ Weizenmehl
Weizenpollen
◆ Malz (aus Gerste)

Juglandaceae
(Walnußgewächse)
◆ Walnuß

Labiatae
(Lippenblütengewächse)
◆ Basilikum
Bohnenkraut
Majoran
Melisse
Menthol
Minze
◆ Oregano (wilder Majoran)
Pfefferminz
Rosmarin
Salbei
Thymian

Lauraceae
(Lorbeergewächse)
Avocado
Kampfer
◆ Lorbeer
Zimt

Pflanzliche Nahrungsmittel und Pollen in Zuordnung zu ihren Pflanzenfamilien

Leguminosae
(Hülsenfrüchtler)
◆ Bohne
◆ Erbse
◆ Erdnuß
Gummi arabicum (Kaugummi)
Johannisbrot (Geliermittel oder Kakaoersatz)
Kichererbse
◆ Linse
Mungobohne
◆ Sojabohne
Süßholz (Lakritz)
Süßholztraganth (wilder Lakritz)
Tamarinde (Sauerdattel)
Traganth (Stabilisator)

Liliaceae
(Liliengewächse)
◆ Knoblauch
Lauch
Schnittlauch
Spargel
◆ Zwiebel

Malvaceae
(Malvengewächse)
Hibiscus (Teezusatz)
Malve (Teezusatz)
Okra

Moraceae
(Maulbeerbaumgewächse)
Brotfrucht (stärkehaltige Frucht)
Feigen
Hopfen

Musaceae
(Bananengewächse)
Banane

Myristicaceae
(Muskatnußbaumgewächse)
Kapern
Muskatnuß (-blüte)

Palmae
(Palmengewächse)
Dattel
Kokosnuß
Palmzucker (Palmnektar)
Sago (aus Pflanzenmark der Sagopalme)

Papaveraceae
(Mohngewächse)
◆ Mohnsamen

Pedaliaceae
(Pedaliagewächse)
◆ Sesamsamen

Piperaceae
(Pfeffergewächse)
◆ Pfeffer (-körner)

Polygonaceae
(Knöterichgewächse)
Buchweizen
Rhabarber
Sauerampfer

Rosaceae
(Rosengewächse)
◆ Apfel
Aprikose
Brombeere
◆ Erdbeere
Hagebutte
Himbeere
◆ Kirsche
◆ Mandel
Mispel (Kernobst)
◆ Pfirsich
Pflaume
Quitte
Walderdbeere
Zwetschge

Rubiaceae
(Rötegewächse)
◆ Chinin (in Tonic-Wässern)
Kaffee
Waldmeister

Rutaceae
(Rautengewächse)
Angostura (Würzbitter)
Bergamotte (Bestandteil von Earl-Grey-Tee)
Mandarine
◆ Orange
Zitrone

Solanaceae
(Nachtschattengewächse)
Aubergine
◆ Chilischote
Kartoffel
◆ Paprikaschote
◆ Tomate

Sterculiaceae
(Sterkuliengewächse)
Kakao
Kolanuß (in Kolagetränken)

Umbelliferae
(Doldengewächse)
◆ Anis (Pimpinella)
◆ Dill
◆ Fenchel
◆ Karotte (roh!)
Kerbel
◆ Koriander
◆ Kümmel
Kreuzkümmel (Cumin)
Liebstöckl
Pastinake
◆ Petersilie
◆ Sellerie

Legende:
◆ = häufig Auslöser allergischer Reaktionen

Auswahl passender Zutaten

Die Schwierigkeiten beim Einhalten einer Allergiediät liegen meist weniger darin, passende Grundzutaten für ein Gericht zu finden, als vielmehr in der Auswahl passender Zutaten, die für Geschmacksvielfalt und Abwechslung sorgen. Das trifft zum Beispiel für Marinaden, Saucen, Suppen, Backwaren, Wurst und Süßigkeiten zu. Es gibt eine Vielzahl von Gemüsesorten, Früchten, Kräutern, Gewürzen, Getreidesorten oder Getreideauszügen und auch einige tierische Produkte, die selten oder kaum, allenfalls in Einzelfällen, eine allergologische Bedeutung haben. Dabei spielt auch die Art der Zubereitung (z. B. roh, gekocht, eingekocht, geröstet) eine wichtige Rolle. Natürlich gibt es auch Ausnahmen. Der Allergiekranke muß in seinem speziellen Fall immer den Arzt fragen.
Zahlreiche dieser selten allergieauslösenden Nahrungs- und Genußmittel lassen sich auch gut zum Verfeinern von Speisen einsetzen. Eine Auswahl (alphabetisch geordnet) bieten die folgenden Listen.

Früchte, Nüsse und Süßungsmittel

Nahrungsmittel	Zubereitung/ Verwendung
Ahornsirup	als Brotaufstrich oder Süßungsmittel (zusatzstofffrei)
Ananas	in Dosen (in Sirup)
Birnen	gekocht, als Saft oder Konfitüre, selbst hergestellt
Brombeeren	als Saft oder Gelee, selbst hergestellt
Datteln	getrocknet, ohne Schwefel
Edelkastanien	geröstet, als Mehl
Feigen	getrocknet, ohne Schwefel
Granatapfel	roh
Hagebutte	als Tee oder Marmelade, selbst gekocht
Heidelbeeren	als Saft oder Gelee, selbst hergestellt
Himbeeren	als Saft oder Gelee, selbst hergestellt
Holunder	als Saft oder Gelee, selbst gemacht
Kaki (chinesische Dattelpflaume)	roh
Kokosraspel	getrocknet
Korinthen	ohne Schwefel
Litschi	in Dosen (in Sirup)
Mandarine	in Dosen (in Sirup)
Melasse (Rückstand bei der Zuckergewinnung)	als Süßungsmittel
Passionsfrucht	roh
Preiselbeeren	als Saft oder Gelee, selbst hergestellt
Quitten	als Gelee oder Kompott, selbst hergestellt
Rhabarber	als Saft, Gelee oder Kompott, selbst hergestellt
Rohrzucker, brauner Zucker, Kandis	als Süßungsmittel
Rosinen	ohne Schwefel
Rübenkraut	als Brotaufstrich (zusatzstofffrei)
Sanddorn	als Saft oder Brotaufstrich
Stachelbeeren	als Saft oder Gelee, selbst hergestellt
Sultaninen	ohne Schwefel
Tannenhonig	als Süßungsmittel oder Brotaufstrich
Waldhonig	als Süßungsmittel oder Brotaufstrich
Wasserkastanien	in Dosen, gekocht
Wassermelone	roh

Gemüse, Pilze, Salate

Nahrungsmittel	Zubereitung
Algen (Meeresgemüse)	gekocht
Artischocke	gekocht
Austernpilze	gekocht
Avocado	roh
Bambussprossen	in Dosen, gekocht
Blumenkohl	gekocht
Brokkoli	gekocht
Champignons	roh oder gekocht
Chicorée	gedünstet oder roh
Endiviensalat	roh
Feldsalat	roh
Gurke	roh
Kapern	frisch oder selbst eingelegt
Kartoffel	gekocht
Kürbis	roh oder gekocht
Lattich (Sommerendivie)	roh
Lauch (Porree)	gekocht
Mangold	gekocht
Meerrettich	ohne Schwefel, gekocht
Okra (Schote der Rosenpappel)	gekocht
Olive	frisch oder selbst eingelegt
Palmenherzen (Palmenstielmark)	in Dosen, gekocht
Pastinake (möhrenähnliche Wurzel)	gekocht
Pfifferlinge	gekocht
Pilze, chinesische	getrocknet und gekocht
Radieschen	roh
Rettich	roh
Rosenkohl	gekocht
Rotkohl	gekocht
Schwarzwurzel	gekocht
Sojasprossen	gedünstet
Spargel	gekocht
Spinat	gekocht
Shiitake- oder Tongupilze, japanische	getrocknet und gekocht
Steinpilze	gekocht
Stockschwämmchen	gekocht
Topinambur (Erdartischocke)	gekocht
Weinblätter	gekocht
Weißkohl	gekocht
Wirsing	gekocht
Zucchini	gekocht

Kräuter, Gewürze und Tees

Nahrungsmittel	Verwendungsform
Bohnenkraut	frisch oder getrocknet
Brunnenkresse	frisch
Ingwer	getrocknet, als Pulver oder in Sirup eingelegt
Kardamom	getrocknet, als Pulver
Kerbel	getrocknet
Kreuzkümmel	getrocknet
Kurkuma	getrocknet, als Pulver
Majoran	getrocknet
Muskatnuß	frisch gerieben
Rosmarin	getrocknet
Safran	getrocknet
Salbei	getrocknet
Tee, schwarzer	getrocknet, ohne Aromazusätze
Thymian	getrocknet
Vanille, echte	Mark oder Schote
Waldmeister	frisch
Zimt	getrocknet, als Stange oder Pulver

Getreide, Mehlsorten und Stärken

Nahrungsmittel	Zubereitung/ Verwendung
Amaranthmehl (Inkagetreide)	für Backwaren
Buchweizenmehl	für Gebäck
Dinkelschrot, grobes (Grünkern)	für Müsli
Dinkelmehl (Grünkern)	für Back- und Teigwaren
Glasnudeln	für Suppen
Haferflocken, blütenzarte	für Müsli und Gebäck
Johannisbrotkernmehl	für Backwaren und Saucen
Kartoffelstärke	für Saucen
Kastanienmehl	für Backwaren
Maiskorn	für Popcorn
Maismehl und -grieß	für Backwaren bzw. Polenta
Maisstärke	für Saucen
Milchreis, geschält	gegart
Quinoamehl	für Backwaren
Reis, geschält	gegart
Sago (aus Sagopalme, Tapioka oder Kartoffel)	für Süßspeisen und Suppen
Sojamehl	Saucen und Gebäck
Sorghummehl (Hirse)	für Saucen
Topinamburmehl (Erdartischocke)	für Saucen

Tierische Nahrungsmittel

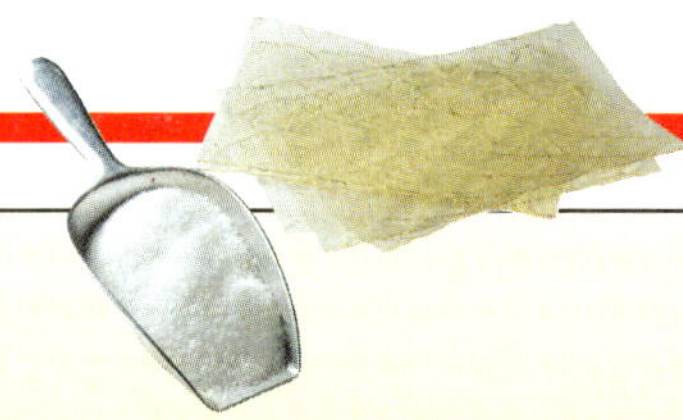

Nahrungsmittel	Zubereitung
Süßwasserfisch:	
Forelle	gegart
Hecht	gegart
Karpfen	gegart
Zander	gegart
Salzwasserfisch:	
Thunfisch	frisch gegart, nicht aus der Dose
Fleisch:	
Hirschfleisch	gegart
Kalbshirn	gegart
Kaninchenfleisch	gegart
Kutteln (Netzmagen vom Rind)	gegart
Lammfleisch	gegart
Rehfleisch	gegart
Rinderherz und -leber (nicht bei Rindfleischallergie)	gegart
Schweineniere und -leber (nicht bei Schweinefleischallergie)	gegart
Milch:	
Molke	(bei Kuhmilchallergie den Arzt fragen)
Schafsmilch und -produkte	(Käse wenn keine Kaseinallergie besteht)
Sojamilch (Kuhmilchersatz)	ist kein tierisches Produkt (Arzt fragen)
Stutenmilch	
Ziegenmilch und -produkte	(Käse und Milch nur, wenn keine Kaseinallergie besteht)
Sonstiges:	
Gelatine (aus Tierknochen)	als Geliermittel

Hinweis:

Auf Ei-Ersatz wurde bewußt verzichtet, da es sich dabei um ein fertiges Mischprodukt (→ „Zu diesem Buch“, Seite 7) handelt.

Nahrungsmittel mit hohem oder niedrigem Allergengehalt

Die folgende Tabelle zeigt das Ergebnis der Überlegung, diejenigen Nahrungsmittel, die oft eine Allergie auslösen, denjenigen gegenüberzustellen, die eher selten Reaktionen herbeiführen. Hierbei muß deutlich gesagt werden, daß grundsätzlich jedes Nahrungsmittel eine allergische Reaktion bedingen kann. Das unterschiedlich häufige Vorkommen bekannter Fälle aus dem klinischen Praxisalltag macht die folgende Unterscheidung möglich.

Zur Erläuterung

Die Nahrungsmittel aus der jeweils rechten Tabellenspalte („selten allergieauslösend") können oftmals als Alternative für diejenigen aus der linken Spalte („häufig allergieauslösend") verwendet werden. So werden zum Beispiel bei vorhandener Kuhmilch- und/oder Kaseinallergie Vollmilch, Quark, Joghurt, Schnitt- und Schimmelkäse (linke Spalte) nicht vertragen. Liegt ein geringer Sensibilisierungsgrad vor, so können Milch und Milchprodukte aus der rechten Tabellenspalte („selten allergieauslösend") oft verzehrt werden, ohne daß es zu einer allergischen Reaktion kommt. Dieses Prinzip läßt sich auf alle Nahrungsmittelgruppen (Obst, Gemüse, Getreide und Getreideprodukte etc.) in den Tabellen anwenden. Die individuelle Auswahl ist immer mit dem behandelnden Arzt abzustimmen.

Mit dem Nahrungsmittelangebot aus der rechten Spalte läßt sich in Absprache mit dem Arzt eine allergenarme Kost zusammenstellen.

Hinweis:

Im Einzelfall kann natürlich jedes Nahrungsmittel als Träger eines Allergens für einen Patienten zu meiden sein.

häufig allergieauslösende Nahrungsmittel	selten allergieauslösende Nahrungsmittel
Tierische Produkte	
Milch und Milchprodukte: Vollmilch Quark Joghurt Schnittkäse Schimmelkäse	**Milch und Milchprodukte:** H-Milch (0,3 und 1,5% Fettgehalt) Dosenmilch Doppelrahmfrischkäse Weichkäse, fettreich (z. B. Camembert mit 60% Fett i. Tr.) Schmelzkäse (auch Scheibletten) süße Sahne Butter Molke hypoallergene Milchnahrungen (Kasein- und Molkeprotein der Kuhmilch chemisch verändert oder Sojabasis; meist nur für Säuglinge und Kleinkinder erforderlich) Milch und Milchprodukte von Ziege und Schaf (nicht bei Kaseinallergie)
Eier: Hühnereiweiß (Eiklar)	**Eier:** Hühnereigelb (nicht bei hochgradiger Hühnereiallergie; manche Hühnereiallergiker vertragen gekochtes Eigelb)

häufig allergieauslösende Nahrungsmittel	selten allergieauslösende Nahrungsmittel
Fleisch und Wurstwaren: Rindfleisch Schweinefleisch Innereien von Rind oder Schwein Hühnerfleisch Rohwurst (z.B. Salami, Plockwurst, rohe Mettwurst) Leberwurst Schinken, roher	**Fleisch und Wurstwaren:** Rindfleisch, gut durchgegart (z. B. Braten) Schweinefleisch, gut durchgegart Lammfleisch Wildfleisch (Reh, Kaninchen, Hirsch) Putenfleisch Geflügelinnereien Kochwurst (z.B. Blutwurst, Preßsack) Schinken, gekochter
Fisch: Salzwasserfische (z. B. Hering, Schellfisch, Kabeljau, Rotbarsch)	**Fisch:** Süßwasserfische (z.B. Forellen, Karpfen) Thunfisch, frisch (Salzwasserfisch)
Pflanzliche Produkte	
Getreide und Getreideprodukte: Getreidekörner Haferflocken, grobe Vollkornmehl Vollkornprodukte (z. B. Brot, Müsli) Reis, ungeschälter	**Getreide und Getreideprodukte:** Buchweizen Hirse Haferflocken, blütenzarte (ohne Schalen) Weizenkleie Weißmehlsorten (ohne Schalenanteile) Misch-/Bauernbrot, gut durchgebacken Sauerteigbrot Knäckebrot (niedrig ausgemah. Mehl) Reis, geschält Nudeln, milch- und eifrei
Gemüse: Möhren, roh Sellerie, roh und gekocht Tomate, roh Kartoffel, roh Zwiebel, roh Knoblauch, roh	**Gemüse und Salat:** Blattsalate Möhren, gekocht Salatgurke Kohlsorten (außer Sauerkraut), gekocht Kohlrabi, gekocht Paprika, gekocht Aubergine, gekocht Spargel, gekocht Spinat, gekocht Kartoffeln, gekocht Topinambur, gekocht Rote Bete, gekocht Broccoli, gekocht Zucchini, gekocht Prinzeßbohnen Dosenerbsen, feine Dosentomaten

häufig allergieauslösende Nahrungsmittel

Hülsenfrüchte:
Erbsen
Linsen
weiße Bohnen
Erdnüsse

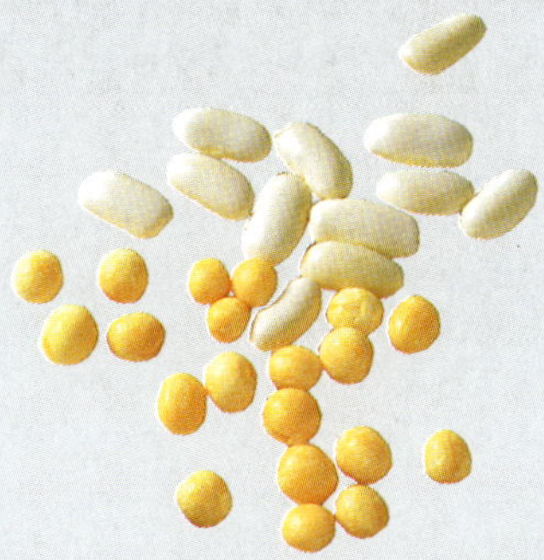

Obst:
Apfel, roh
Kirsche, roh
Kiwi, roh
Pfirsich, roh

Säfte von Stein- und Kernobst
Zitrusfrüchte (z. B. Orange, Grapefruit, Zitrone)

Kräuter und Gewürze:
Basilikum, frisch
Schnittlauch, frisch
Dill, frisch
Petersilie, frisch
Koriandergrün
Paprikapulver, rosenscharf
Pfeffer, scharf
Pfeffer, grün
Currypulver
Korianderpulver

Nüsse und Samen:
Haselnuß
Walnuß
Mandel
Paranuß
Pistazie
Mohnsamen
Sesamsamen
Sonnenblumenkerne

Sonstiges:
Bäckerhefe (z. B. in Brot, Kuchen)
Honig von Wiesengräsern, Kräutern und Blumen
Fenchel- oder Kamillentee

selten allergieauslösende Nahrungsmittel

Obst:
Himbeeren, frisch oder gekocht
Brombeeren, frisch oder gekocht
Johannisbeeren, frisch oder gekocht
Erdbeeren, gekocht
Quitte
Mandarine
Banane, frisch oder gekocht
Säfte von Beeren

Kräuter und Gewürze:
Rosmarin, getrocknet
Thymian, getrocknet
Majoran, getrocknet
Salbei, getrocknet
Ingwer, frisch oder getrocknet
Zimtpulver
Muskatnußpulver
Nelken (-pulver)
Lorbeerblatt
Pfeffer, weiß und gemahlen
Paprikapulver, edelsüß

Nüsse:
Kokosnuß
Pekannuß

Sonstiges:
Sauerteig
Marzipan, selbst hergestellt
Gelee oder Konfitüre von Beeren
Zuckerrübensirup
Tannen- und Waldhonig

Austauschnahrungsmittel für Kuhmilch und Kuhmilchprodukte

Kuhmilchallergiker können, wenn keine Kaseinallergie besteht, auf die folgenden Produkte von anderen Tierarten (→ „Austauschnahrungsmittel") ausweichen. Liegt keine Sojaeiweißallergie vor, können Sojaprodukte Verwendung finden. Eine Auswahl ist in jedem Fall zusammen mit dem Arzt zu treffen. Was die Nährstoffversorgung gemessen am Verzehr von Kuhmilch und Kuhmilchprodukten betrifft, so ist sie keineswegs als gleichwertig anzusehen. Das gilt vor allem für Säuglinge, Kinder und Jugendliche. Der Arzt rät, was im Einzelfall zu tun ist.

Austauschnahrungsmittel:

- Schafsmilch und reiner Schafskäse, wie z. B. Feta aus 100% Schafsmilch (Lakekäse aus Griechenland), Ricotta di peckora (ein Schafskäse-Ricotta aus Italien), Manchego (spanischer Hartkäse), Roquefort (nicht bei Schimmelpilzallergie)
- Ziegenmilch und reiner Ziegenkäse, wie z. B. Cabridoux (französischer Frischkäse aus reiner Ziegenmilch), Macon (Variante des Bouton de culotte, fest und scharf), Picodon (kleine feste Käse aus Frankreich), Saint-Maure (milder, zarter Käse aus Frankreich, Sancerre (fester Käse aus Frankreich)
- Stutenmilch (nicht bei Pferdehaarallergie)
- Büffelmilch und reiner Büffelmilchkäse, wie z. B. der Mozzarella di bufala (Filata-Käse aus Italien)
- Sojamilch und -produkte, wie z. B. Tofu (nicht bei Hülsenfruchtallergie)

Kuhmilchprodukte

Einige sehr fetthaltige, aus Kuhmilch hergestellte Käsesorten, wie z. B. Doppelrahmfrischkäse, lösen nur bei hochgradiger Kuhmilchallergie Beschwerden aus. Auch fettreiche Camembertsorten (z. B. 60 % Fett i.Tr.) können im Einzelfall dann verträglich sein, wenn sie mitgekocht oder gebacken werden.
Auch Schmelzkäsesorten sind oft verträglich, da sie ja bei der Herstellung einem Erhitzungsprozeß unterzogen wurden.
Schnitt- und Hartkäse (insbesondere gelagerte, sprich „alte" Sorten; z. B. alter Gouda und Emmentaler) sind meist problematischer als die oben genannten Käsesorten.
In manchen Fällen von leichter Kuhmilchallergie kann Handkäse eine Alternative sein.
Saure oder süße Sahne darf oft bei einer leichten Kuhmilchallergie in kleinen Mengen zum Kochen verwendet werden.
Butter (in kleinen Mengen) wird meist (in bis zu 98% aller Fälle) vertragen. Milchfreie Margarine bietet einen Ersatz. (→ „Allergologische Bedeutung von Fetten", Seite 25).

Das sollten Sie wissen:

Ob in Fällen von hochgradiger Kuhmilchallergie die Einnahme von Calziumpräparaten und/oder Vitamin D notwendig ist, muß Ihr Arzt entscheiden.

Austauschnahrungsmittel für Mehlsorten, Stärke und Dickungsmittel

Nahrungsmittelallergien gegen Getreide und Getreideprodukte erstrecken sich in den meisten Fällen nicht auf alle Getreidearten. Bei uns ist in erster Linie die Roggenmehlallergie und in zweiter Linie die Weizenmehlallergie von Bedeutung. Roggenmehl- und/oder Weizenmehlallergiker können oft auf die folgenden Produkte (→ Liste „Austauschnahrungsmittel") ausweichen. Eine Auswahl ist im Einzelfall mit dem Arzt zu treffen.

Austauschnahrungsmittel:

- Amaranthmehl (Inkagetreide)
- Buchweizenmehl
- Dinkelmehl
- Gerstenmehl (nicht bei Malzallergie)
- Haferflocken, blütenzarte
- Hafermehl
- Hirsemehl (Sorghum)
- Hülsenfruchtmehl (nicht bei Hülsenfruchtallergie)
- Johannisbrotkernmehl (Carob)
- Kartoffelmehl bzw. -stärke
- Kastanienmehl
- Maismehl und -stärke
- Reismehl und -stärke
- Sago (Stärke aus Sagopalme, Tapioka oder Kartoffel)
- Sojamehl (nicht bei Hülsenfruchtallergie)
- Topinamburmehl (Erdartischocke)

Das richtige Brot

Ausreichend erhitzte Getreidemehle verursachen weniger häufig eine allergische Reaktion. Meist genügt schon die Einschränkung des Verzehrs auf gut durchgebackenes Mischbrot und Gebäck ohne viele Zutaten und ohne den Zusatz von Samenkörnern (z. B. Mohn und Sesam oder Sonnenblumenkerne). Knäckebrot hat nur selten eine allergieauslösende Wirkung.
Reines Weißbrot ohne Zusätze ist von geringerer Antigenität im Vergleich zu Roggen- oder Vollkornbrot. Folglich sind niedrig ausgemahlene Mehle (z. B. Weizenmehl Type 405 oder Roggenmehl Type 997) sowie daraus hergestellte Produkte besser verträglich.

Die allergologische Bedeutung von Fetten

Öle

Öle enthalten normalerweise keine Allergene, wenn sie hochgereinigt, das heißt weitgehend frei von Eiweißstoffen der Spenderfrucht und von Verunreinigungen, sind. Für Allergiepatienten besonders geeignet sind Diätöle (z. B. aus der Produktreihe becel), die Sie zum Braten, Kochen und Backen verwenden können (Packungsanweisungen beachten). Durch ihren Verzehr wurde so gut wie nie eine allergische Reaktion bekannt. Auch Olivenölallergien sind in der Literatur kaum beschrieben.
Zurückhaltung mag im einen oder anderen Falle bei Ölen aus Pflanzensamen (z. B. bei Sonnenblumen-, Mohn-, Sesam- und Erdnußöl) geboten sein. Nur wenn sie hochgereinigt sind, hat ihr Genuß auch bei Sonnenblumen-, Sesam- oder Erdnußallergikern keine Beschwerden zur Folge.
Distelöle können ebenfalls erhebliche allergische Reaktionen auslösen (meist bei Pollenallergikern), auch wenn dies selten der Fall ist.

Butter, Margarine und Sahne

Es gibt eine Vielzahl milchfreier Margarinesorten, deren Verwendung nur dann erforderlich wird, wenn eine schwere Kuhmilchallergie mit akuter, schwer verlaufender, allergisch bedingter Allgemeinreaktion (ein anaphylaktischer Schock) vorliegt. In vielen Fällen kann bei bestehender Kuhmilchallergie Butter zum Kochen genommen werden. Nur etwa 2% der Betroffenen müssen bei Bedarf auf milchfreie Margarine ausweichen.
Auch die süße Sahne ist nicht für jeden Kuhmilchallergiker ein Problem, besonders dann nicht, wenn sie nur in geringen Mengen in den Speisen mitgekocht wird. Ganz ähnliche Bedingungen gelten auch für kleine Mengen von saurer Sahne. Ob Butter und saure oder süße Sahne verwendet werden können, ist beim Arzt zu erfragen, da dieses vom Schweregrad der Erkrankung abhängt.

Weniger ist mehr

In geringeren Mengen können selbst bei einer mittels positivem Hauttest nachgewiesenen Sensibilisierung einige Kräuter und Gewürze verträglich sein, und zwar dann, wenn sie länger mitgekocht oder in getrockneter Form verwendet werden.
Auf Gewürz- oder Kräutermischungen (z. B. Grill-, Steak- oder Gulaschgewürz, Curry oder Kräuter der Provence) sollte jeder Allergiekranke verzichten.
Bei entsprechender Allergie gegen bestimmte Kräuter und Gewürze genügt oftmals die Empfehlung, mit wenigen einzelnen Kräutern und Gewürzen pro Mahlzeit bescheiden zu würzen.

Was paßt wozu?

Welche Gewürze oder Kräuter passen zu welchen Speisen, und welche allergologische Bedeutung kommt ihnen zu? Folgende Tabelle zeigt eine Auswahl.

Zur Erläuterung

◆ Kräuter oder Gewürze sind in kleinen Mengen mitgegart meist kein Problem (schwache Allergene). Oft sind sie in kleinen Mengen auch frisch (roh) verträglich.

◆◆ Kräuter oder Gewürze sind bei bekannter Allergie zu vermeiden. Dies gilt besonders für den Rohzustand (frisch).

◆◆◆ Kräuter und Gewürze enthalten starke Allergene. Bei ihnen sind auch im gekochten Zustand allergische Reaktionen möglich.

Bezeichnung	**Paßt zu**	**Bedeutung als Allergen**
Anis	Anisplätzchen, Lebkuchen und anderem Gebäck, Brot, süßen Suppen, roten Beten	◆◆◆
Basilikum	Schweinefleisch, Kalbfleisch, Fisch, Hülsenfrüchten, Tomaten, Salaten, Mozzarella	◆◆
Beifußblatt	Schweinefleisch, Gänse- und Entenfleisch, Aal, Blattsalat	◆
Bohnenkraut	Bohnen, Eintopfgerichten, Gemüsesuppen	◆
Cayennepfeffer	Fischsud, Marinaden, Mixed pickles, Gurken	◆◆◆
Dill	Fisch, verlorenen Eiern, Salat, grüner Sauce, Gurken	◆◆
Estragon	Salat, grüner Sauce, Tomaten, Suppen, Tomatensauce	◆
Fenchelsamen	Gebäck, Brot	◆◆◆
Ingwer	Fleisch, Fisch, süßen und herzhaften Saucen, Marinaden, Kompott, Kürbis, Gebäck	◆
Kardamom	Christstollen, Gebäck, Kaltschalen, Süßspeisen, Wurst	◆
Kerbel	Fleisch, Fisch, Geflügelsaucen, Salat, Suppen	◆
Knoblauch	Hammel-, Lamm-, Rind- und Schweinefleisch, Gulasch, Geflügel, Salat, Wurst	◆◆◆
Koriander	süßen und herzhaften Suppen, Saucen, Marinaden, Wurst	◆◆◆
Kümmel	Kraut, Bratkartoffeln, Salzgebäck, Brot, Käse	◆◆
Liebstöckel	Suppen, Saucen, Eintopfgerichten, Fleisch, Gemüse, Salat	◆

Bezeichnung	Paßt zu	Bedeutung als Allergen
Lorbeerblatt	Sauerbraten, Wild, Fischsud, Eintopfgerichten, Hering, Marinaden, Gurken, Linsen	◆
Majoran	Leberknödeln, Hackbraten, Schweinefleisch, Geflügel, Wurst, Kartoffelgerichten	◆
Meerrettich (gerieben, ohne Schwefel)	Wurst, gekochtem Rindfleisch, kaltem und warmem Rinderbraten, geräuchertem Lachs	◆
Muskatblüte (Macis)	Fleisch- und Hühnerbrühe, Lebkuchen und anderem Gebäck, Gemüse, Wurst	◆
Muskatnuß	Suppen, Saucen, Salat, Gemüse, Kartoffelpüree, Fleisch, Wurst	◆
Nelken	Sauerbraten, Wild, Fisch, Linsen, Rotkohl, Süßspeisen (Kompott), Gebäck, Glühwein (immer in kleinen Mengen)	◆
Oregano	Hackbraten, Leberknödeln, Wild, Fisch, Pizza und anderen italienischen Gerichten	◆◆◆
Paprikapulver, edelsüß	Gulasch, Schnitzel und anderen Fleischgerichten, Fisch, Huhn, Paprikaschoten, Quark, Tomatengerichten, Pilzen	◆◆
Paprikapulver, rosenscharf	ungarischem Gulasch, herzhaften Speisen, Fleisch, Suppen	◆◆◆
Petersilie	Suppen, Gemüse, Salat, Saucen, Fisch, Fleisch, Quark	◆
Pfeffer, schwarz	Fleisch, Fisch, Wild, Marinaden, herzhaften Speisen	◆◆
Pfeffer, weiß	Eierspeisen, Mayonnaise, Teigwaren	◆
Pfefferkörner, grüne	Pfeffersteak, Pfeffersaucen zu Fleisch und Fisch	◆◆◆
Piment	süßen Saucen, süßen und herzhaften Suppen, Aufläufen, Wild, Sauerbraten, Fleisch, Fisch, Marinaden, Gebäck	◆
Rosmarin	Kalb- und Schweinefleisch, Geflügel, Lammfleisch, Wild, Fisch	◆
Safran	Gebäck, Reis, Nudeln, Fleisch, Hühnerbrühe, Süßspeisen	◆
Salbei	Kalbfleisch, Fisch, Geflügel, Nudeln	◆
Senfkörner	Fisch, Fleisch, Fisch- und Gemüsemarinaden, Gurken	◆◆
Sternanis	Lebkuchen und anderem Gebäck, Obstsalat, Kompott	◆
Thymian	Hackfleisch, Leberknödel, Wild, Geflügel, Schweinefleisch	◆
Vanille	Süßspeisen, Gebäck	◆
Wacholderbeeren	Sauerbraten, Sauerkraut, Wild, Marinaden (immer in kleinen Mengen)	◆◆
Zimt	Süßspeisen, wie z.B. Kompott und Obstsalat, Gebäck	◆◆
Curry (Gewürzmischung)	Reis, Mayonnaise, herzhaften Suppen und Saucen, Fisch, Fleisch, chinesischen und indischen Gerichten	◆◆◆
Kräuter der Provence (Kräutermischung)	gehaltvollen Saucen, Füllungen von Geflügel, Fleisch, Fisch, Fleischbrühen, Hackfleisch, Nudelsaucen, Pizza und anderen italienischen Gerichten, Salatsaucen (immer in kleinen Mengen)	◆◆

Das sollten Sie wissen:

Im Einzelfall kann natürlich jedes Gewürz oder jede Kräuterart als Träger eines Allergens für einen Patienten zu meiden sein.

Jodsalz ist auch für den Jodallergiker verträglich, da es sich um eine andere Jodverbindung als z. B. bei jodhaltigen Medikamenten handelt.

Die allergologische Bedeutung von alkoholischen Getränken

Nicht der Alkohol

Viele Patienten mit einer Nahrungsmittelallergie vertragen verschiedene alkoholische Getränke nicht, und zwar in erster Linie Wein (roter oder weißer), Sekt und Bier. Das liegt nun aber nicht am Alkohol selbst.

Wein

Bei Wein beruht die Unverträglichkeit in den meisten Fällen auf dem Schwefelgehalt (bei Intoleranz gegenüber Schwefel). Sie kann aber auch gelegentlich von Schimmel herrühren (bei Schimmelpilzallergie) oder von Histamin (ein biogenes Amin), einem Stoff, der Haut und Schleimhäute sensibler Patienten reizt, ausgehen. Ebenso können andere im Wein enthaltene sogenannte biogene Amine, die ähnlich wie Histamin wirken, eine Überempfindlichkeitsreaktion (Intoleranz gegenüber biogenen Aminen) hervorrufen. Oder die Ursache liegt beim Hühnereiweiß (bei Hühnereiallergie), das zur Klärung des Weines verwendet wird.

Bier

Bei Bier können der Hopfen, die Hefe oder andere Inhaltsstoffe (z. B. Malz) die Ursachen für die Unverträglichkeit sein. Deutsche, nach dem Reinheitsgebot gebraute Biersorten sind Importwaren vorzuziehen, da sie neben wenigen und immer gleichen Grundzutaten keine Zusätze enthalten.

Schnaps und Likör

Für eine Vielzahl von Patienten sind klare Schnäpse, auch Obstler, verträglich. Das muß jeder ausprobieren. Schnäpsen und vor allem Likören sind oft Extrakte und Aromen von Kräutern, Gewürzen, Nüssen oder Früchten (z. B. Pfefferminz, Anis, Ingwer, Haselnuß, Orange) zugesetzt. Das muß bedacht werden.

Die Symptome

Als häufigste Symptome bei Unverträglichkeit alkoholischer Getränke treten chronischer Schnupfen, Nasennebenhöhlenentzündungen, Bronchitis und Asthma, aber auch Nesselfieber und Schwellungen am Körper (Quincke-Ödeme) auf. Schon seltener kommen Magen-Darm-Beschwerden vor.

Ein Hauttest mit alkoholischen Getränken ist meist nicht sinnvoll, da es sich bei eventuellen Beschwerden nur höchst selten um die Folgen einer allergischen Reaktion handelt. Davon ausgenommen sind Patienten mit Hühnerei-, Schimmelpilz- sowie Hefe- und auch Getreideallergie.

Das sollten Sie wissen:

Da Alkohol durchblutungsfördernd wirkt und somit die Aufnahme von Nahrungsbestandteilen über die Magen- und Darmschleimhaut beschleunigt, kann der Konsum alkoholischer Getränke die Wirkung von Nahrungsmittelallergenen verstärken.

Kaffee

Eine Kaffeeallergie (auf das Getränk) gibt es nur sehr selten. Coffein kann aber durch seine durchblutungsfördernde Wirkung (ähnlich wie Alkohol) eine allergische Reaktion gegen ein Nahrungsmittel verstärken. Bei entcoffeiniertem Kaffee besteht diesbezüglich kaum eine Gefahr. Ein Allergietest mit Kaffee ist sinnlos.

Kakao

Es gibt Kakaoallergien (auch Allergien gegen Schokolade). Sie kommen jedoch nicht sehr häufig vor und lassen sich gut durch Tests ermitteln.

Nicht immer aber ist es der Kakaoanteil eines Nahrungs- oder Genußmittels, der die allergische Reaktion auslöst. Es gibt zum Beispiel eine Vielzahl von Kakaogetränken (Instantpulver, die in Kuh- oder Sojamilch oder in Wasser aufgelöst werden), die verschiedene Zutaten und Zusätze, wie z. B. Geschmacksstoffe, Aromen, Soja, Malz oder Hühnerei, enthalten. Auch diese Bestandteile können die Ursache für eine allergische Reaktion sein.

Tee

Schwarzer Tee löst äußerst selten eine allergische Reaktion aus. Aber auch Tee ist eine Art Droge und kann wie Kaffee oder Alkohol anregend wirken, was sich zum Beispiel in Herzklopfen äußert. Das hat jedoch nichts mit einer Allergie zu tun.

Es gibt eine Fülle von aromatisierten Teesorten, also schwarzen Tee, der mit Aromen versehen wird. Aufgrund vielfältiger Beobachtungen ist es ratsam, auf diese zu verzichten. Sie enthalten Allergene, wie z. B. Aromen aus Äpfeln, Kiwis und vielen anderen Früchten sowie ätherische Öle (z. B. Bergamottöl in Earl-Grey-Tee), Pollen, Blüten und Blätter verschiedener Pflanzen und eine Vielzahl an Zusatzstoffen.

Kräuter- und Früchtetees können wie jedes Naturprodukt Allergien auslösen. Besonders häufig tritt bei Kamille, Pfefferminze und Fenchel eine Reaktion auf, wobei die Heftigkeit vom einzelnen Patienten und seinem individuellen Allergieleiden abhängt.

Da solche Tees oft nicht nur als Durstlöscher dienen, sondern auch gegen Beschwerden bei Verdauungsproblemen, bei Erkrankungen der Galle, der Leber, des Magens und der Blase, bei Bronchitis und Erkältung und sogar zur Förderung von Wundheilung getrunken oder inhaliert werden, müssen Sie hier besonders vorsichtig sein. Sie sollten nach dem Allergietest den Arzt befragen. Auf jeden Fall sind bei Pollenallergie (mit Heuschnupfen und/oder Heuasthma) alle die genannten Teesorten mit Vorsicht zu genießen, speziell dann, wenn Blütenpollen enthalten sind (z. B. von Kamillenblüten) oder wenn die Tees aus Pflanzensamen hergestellt wurden (z. B. aus Fenchelsamen). In größeren Mengen dürfen Allergiker, besonders bei Pollenallergien, solche Teesorten nicht trinken. Auf Teemischungen müssen Sie unbedingt verzichten.

Das sollten Sie wissen:

Die allergene Wirksamkeit eines Tees ist geringer, wenn nur Blätter und Stiele, aber keine Pflänzensamen oder -blüten enthalten sind.

Häufig gut verträglich ist Hagebuttentee, wenn er nicht im Übermaß (mehrere Liter am Tag) getrunken wird.

Warum in diesem Buch nichts über Zusatzstoffe steht

Es geht auch ohne

Bei der Erstellung der Rezepte in diesem Buch haben wir den Versuch unternommen, ohne Zusatzstoffe auszukommen. In früheren Zeiten ist es ja auch ohne Zusätze gegangen. Heute im Zeitalter der Tiefkühltruhe und des Kühlschranks läßt sich vieles in größeren Mengen zubereiten und portioniert einfrieren. Durch richtiges Verpacken und entsprechende Temperaturen kann die Lagerdauer verlängert werden. Tips dazu finden Sie bei vielen Rezepten.

Das sollten Sie wissen:

Zusatzstoffe zu vermeiden ist im eigentlichen Sinne kein Bestandteil einer Allergiediät, da das Weglassen dieser Stoffe noch keine Diät ausmacht.

Zusatzstoffe aus der Natur

Was viele Menschen nicht wissen, ist, daß die meisten der zugelassenen Zusatzstoffe gar nicht im Chemielabor produziert werden. Es wird nur immer davon ausgegangen, da viele Zusatzstoffe einen Namen tragen, der auf einen „künstlichen" Ursprung schließen läßt – zum Beispiel ist E 322 Lecithin und E 160 a ist beta-Carotin.

Beispiele für natürlich vorkommende Zusatzstoffe, die als Allergene wirken können, sind verschiedene Geliermittel aus Hülsenfrüchten. Wenn jemand eine Allergie gegen bestimmte Hülsenfrüchte hat, kann er auch eine Allergie gegen die aus ihnen gewonnenen Gelier- oder Verdickungsmittel entwickeln. Ähnliches gilt auch für das Pektin, das zum Beispiel zum Eindicken von Gelees und Marmelade verwendet wird. Zum Teil stammt es aus Äpfeln (Apfelpektin). Beim Genuß von apfelpektinhaltigen Produkten können Apfelallergiker Probleme bekommen. Allerdings gilt auch hier, daß bei einer leichten Allergie die gegessene Menge und die Dauer des Kochprozesses eine Rolle spielen. Aus diesem Grund vertragen viele Apfelallergiker erhitztes Pektin in gewisser (geringer) Menge dennoch.

Intoleranz

Die künstlich produzierten Zusatzstoffe werden häufig überbewertet. Es gibt zwar eine Gruppe von Patienten, die einige dieser Stoffe nicht verträgt, das bezeichnen wir aber nicht als Allergie, sondern als Intoleranz bzw. Pseudoallergie (eine Reaktion ohne immunologische Grundlage). Dies zu besprechen, würde allerdings den Rahmen des vorliegenden Buches sprengen.

Buchtip zum Thema Herkunft und Vorkommen von Zusatzstoffen:

T. Pilgram, E. Dahl, „E-Zusatzstoff-Tabelle", FALKEN Verlag.

Bemerkungen zu Dosenware

Das steht drauf

Bei Produkten aus Deutschland besteht eine Deklarationspflicht für Zusatzstoffe. Das heißt, es muß auf der Packung stehen, ob Konservierungsmittel, Farbstoffe, Antioxidationsmittel, Emulgatoren und/oder andere Stoffe enthalten sind. Allerdings ist die Kennzeichnung aus allergologischer Sicht nicht immer ausreichend. Hinzu kommt, daß in anderen Ländern, deren Dosenwaren bei uns erhältlich sind, hier keine eindeutigen Regelungen existieren; oft bleibt vollkommen unklar, welche Zusatzstoffe und jeweiligen Zutaten in einem Produkt stecken.

Frei von Zusatzstoffen

Es gibt immer mehr Konserven auf dem Markt, bei denen die Hersteller bewußt auf den Zusatz von Konservierungs- und Farbstoffen verzichten. Entsprechend gekennzeichnete Produkte können von Patienten, die Zusatzstoffe nicht vertragen (bei einer Intoleranz bzw. Pseudoallergie), gegessen werden. Ist keinerlei Zusatzstoff in der Zutatenliste vermerkt, sollten Sie davon ausgehen, daß in deutschen Produkten auch keiner enthalten ist.

Das sollten Sie wissen:

Grundsätzlich ist es für Allergiker wichtig, die Zutatenlisten auf den Verpackungen genau zu lesen.

Geeignete Konservierungsverfahren

Es gibt einige Nahrungsmittel, die nur selten mittels Zusatzstoffen haltbar gemacht werden, so z. B. Gemüse, das meist in einer Salzlösung durch Sterilisation konserviert wird. Hier bedarf es keiner weiteren Konservierungsstoffe. Obst wird in Fruchtsirup unter Zuckerzusatz haltbar gemacht und ebenfalls sterilisiert. Auch dabei sind keine weiteren Zusatzstoffe erforderlich. Die meisten konservierten Gemüse- oder Obstsorten können also bei einer Allergie oder Intoleranz gegen Zusatzstoffe verzehrt werden.

Bei Obstallergie

Obstallergikern bietet die Verfügbarkeit von Dosenware den Vorteil, daß sie die Obstsorten, die sie vertragen, zu jeder Jahreszeit kaufen und essen können.

Bei Hülsenfruchtallergie

Bei Hülsenfruchtallergikern mit geringem Sensibilisierungsgrad werden in den meisten Fällen Prinzeßbohnen und feine Erbsen aus der Dose vertragen. Die lange Lagerung und die Art der Konservierung vermindern die allergieauslösende Wirkung. Das trifft nicht auf die herkömmlichen Hülsenfrüchte, wie z. B. getrocknete weiße Bohnen, Linsen oder Erbsen, und auch nicht auf Dosensuppen mit Hülsenfruchtanteil zu.

Geeignete Materialien

Das Dosenmaterial selbst ist heute entgegen vielen anderslautenden Meinungen aus allergologischer Sicht eher selten ein Problem. Nicht einmal für Menschen mit Metallallergien (z. B. gegen Nickel oder Chrom) stellt es häufig eine Gefahr dar, denn bei der Dosenherstellung werden meist völlig andere Metalle verarbeitet, die nur in seltenen Fällen allergische Reaktionen auslösen. Allerdings sollten Sie, wenn möglich, Qualitätsware „aus deutschen Landen“ kaufen.

Das sollten Sie wissen:

Auf jeden Fall sollten Sie die Zubereitung und Konservierung von Nahrungsmitteln in der eigenen Küche bevorzugen.

Buchtips zum Thema Konservieren und Haltbarmachen:

M. Bustorf-Hirsch, „Haltbarmachen in der Öko-Küche“; B. Müller, „Richtig Einkochen“ sowie Frank Stein, „Marmeladen, Gelees und Kompotte“; alle erschienen im FALKEN Verlag.

Tips rund ums Kochgeschirr

Nährstoffe schonen

Mögliche Nachteile der speziellen Ernährung eines Allergikers, wie z. B. eine Vitaminunterversorgung, die sich aus der Vermeidung verschiedener Nahrungsmittel ergeben kann, lassen sich durch ein geeignetes Kochgeschirr zumindest teilweise ausgleichen.
Einige Nahrungsmittel sind nur gekocht oder gedünstet, nicht aber roh verträglich. Dabei kommt es auf das richtige Kochgeschirr an, damit die Nährstoffe (z. B. Vitamine und Mineralstoffe) ausreichend erhalten bleiben.

Der Wok

Für viele Speisen ist der aus China stammende Wok ideal. Die kurzen Garzeiten reichen meist aus, um Nahrungsmittelallergene unwirksam zu machen, gleichzeitig bleiben aber die Vitamine weitgehend erhalten. Das Gemüse bleibt knackig und schmackhaft, so daß es nur weniger Würzzutaten bedarf.

Der Tontopf

Der Ton- oder Römertopf (für Fisch und Fleisch empfiehlt sich jeweils ein eigener Topf) hat ebenfalls viele Vorteile. Da die Speisen im Backofen im eigenen Saft geschmort werden, benötigen Sie auch hier nur wenige würzende Zutaten. Außerdem geht auf diese Weise der Eigengeschmack der einzelnen Komponenten eines Gerichts nicht verloren. Die Mineralstoffe bleiben erhalten. Im Tontopf können Sie garen – vom Braten bis hin zum Eintopf. Als ganz anderer Vorteil erweist sich, daß der Garvorgang kaum beaufsichtigt werden braucht. Sie können in der Zwischenzeit etwas anderes tun.

Dämpfgeräte

Das Garen in Wasserdampf bringt ähnliche Vorteile. Nährstoffe und Eigengeschmack der Nahrungsmittel bleiben erhalten, und der Garvorgang muß kaum beaufsichtigt werden. Heute gibt es neben Kochtöpfen mit Siebeinsätzen auch spezielle Dämpfgeräte in verschiedenen Größen und Ausstattungen. Bei häufigem Einsatz der Geräte lohnt sich die Anschaffung sicher. Auch für den Wok gibt es Dämpfeinsätze. Als Dämpfflüssigkeit bietet sich neben Wasser auch Brühe oder Fond an.

Folien

Das Garen in Alufolie oder im Bratenbeutel bzw. -schlauch ist ebenfalls nährstoffschonend und geschmackserhaltend. Es geht relativ schnell und ohne großen Aufwand.

Zeit sparen

Es ist für den Allergiker besonders wichtig, beim Zubereiten der Speisen möglichst wenig Aufwand betreiben zu müssen. Seine spezielle Ernährung ist ohnehin schon recht zeitintensiv. Vorteilhaft erweist sich deshalb auch das Garen in der Mikrowelle. Auf diese Weise können Sie eine Vielzahl von Gemüse-, Fleisch- und Fischgerichten garen. Auch die Zubereitung von Süßspeisen und, wenn in Kombination Grill oder Heißluft zugeschaltet werden kann, das Backen von Kuchen sind möglich. Auf manche Zutat, die bei der Zubereitung in Topf oder Pfanne gebraucht wird, kann hier verzichtet werden.
Auch der Schnellkochtopf ist eine zeitsparende Alternative.

Es geht auch ohne Fett

Einen Vorteil ganz anderer Art bietet Kochgeschirr (z. B. Pfannen und Schmortöpfe) mit einer besonderen Antihaftbeschichtung. Das ermöglicht ein Garen ohne Zusatzfette (Öl, Butter, Margarine etc.).

SCHLEMMER
TOPF

Hinweise zu den Rezepten

Das Rezeptsystem

Das Basisrezept

Das Basisrezept ist das jeweilige auf ein Mindestmaß an Zutaten beschränkte Grundrezept. Wir könnten auch sagen, daß ein bestimmtes Gericht mit weniger Zutaten nicht machbar ist. Ein Basisrezept enthält also keine „überflüssige“ Zutat, es ist auf ein Minimum reduziert.

Jedes Basisrezept ist durch die rote Überschrift **BASISREZEPT** und den in großer Schrift gesetzten Rezeptnamen, unter welchem es auch im Rezeptverzeichnis aufgeführt ist, ganz leicht zu finden.

Die Basiszutaten

Diese stehen immer in der ganz linken Spalte einer Buchseite. Sie sind zudem durch den Begriff **BASISZUTATEN** gekennzeichnet.

Unser spezieller Tip: Schreiben Sie sich die Zutatenlisten doch auf Ihre Bedürfnisse um. Streichen Sie Zutaten und setzen Sie andere an ihre Stelle oder ergänzen Sie das Ganze einfach. Informationen dazu erhalten Sie unter den in roter Schrift gesetzten Rubriken **REZEPTVARIATIONEN** und **REZEPTERWEITERUNGEN.**

Die Rezeptvariationen

Sollten Sie etwas aus dem Basisrezept nicht vertragen, so finden Sie hier zu allen Zutaten, die ersetzbar sind, eine oder mehrere Austauschmöglichkeiten. Wo es notwendig war, haben wir Ihnen eine abgeänderte Zubereitungsanweisung angegeben. Nutzen Sie die Variationen, um die Rezepte auf Ihre individuellen Bedürfnisse „zuzuschneiden“.

Die Rezepterweiterungen

Wenn Sie nun ein für Sie in Frage kommendes Basisrezept zusammengestellt haben, können Sie die Zutatenpalette noch erweitern. Anregungen für fast jedes Rezept finden Sie unter dem Stichpunkt **REZEPTERWEITERUNGEN.** Der hier wohl wichtigste Stichpunkt sind die **passenden Kräuter und Gewürze.** Verändern Sie Geschmack und Qualität der Gerichte, indem Sie für Sie verträgliche zusätzliche Zutaten bzw. Kräuter und Gewürze auswählen.

Je nach dem, welche Nahrungsmittel im Einzelfall nicht vertragen werden, muß nun jeder für sich entscheiden, ob er ein Gericht entsprechend dem Basisrezept, entsprechend einer Rezeptvariation (Austausch von Zutaten) oder entsprechend einer Rezepterweiterung (weitere Zutaten verwenden) zubereitet. Wenn Sie nach dieser Systematik vorgehen, ist fast jedes Rezept in diesem Buch für Ihren speziellen Anspruch abwandelbar. Sollte dies einmal nicht der Fall sein, so finden Sie sicher ein ähnliches Gericht, welches Sie wählen können (z.B. „Pfannkuchen", S. 70 und „Nußpfannkuchen", S. 69 als Ersatz bei einer allergischen Reaktion auf verschiedene Getreidesorten).

Die Rezeptideen

Zusätzliche Rezeptideen finden Sie dort, wo ein Basisrezept noch kein ganz fertiges Gericht beschreibt (z. B. „Nudeln", S. 74 oder diverse Kuchenteige, S. 106 bis 112) oder wenn sich ohne großen Aufwand aus dem Basisrezept ein völlig anderes Gericht zubereiten läßt (z. B. „Béchamelsauce" und „Béchamelkartoffeln", S. 84).

Die Verwendungstips

Tips zur Weiterverwendung finden Sie immer dann, wenn es sich um (Basis-)Rezepte handelt, die kein vollständiges Gericht beschreiben. Beispiele dafür sind alle Beilagen- und Saucenrezepte, Kuchenteige, Backzutaten, Würzmittel, Brühen, Fonds usw.

Die Beilagentips

Zu fast allen Hauptgerichten bieten wir Ihnen Beilagentips an. Hierbei handelt es sich vor allem um Beilagen, deren Rezepte ebenfalls in diesem Buch zu finden sind (Querverweise). Zudem finden Sie aber auch einfache Vorschläge, wie z. B. Salz- und Pellkartoffeln oder gekochter Reis, deren meist einfache Zubereitung jedermann kennt.

Die praktischen Tips und Hinweise

Unter diesen beiden Rubriken erhalten Sie jeweils Informationen zur Küchenpraxis, zu Einkauf, Lagerung und Haltbarmachung etc. sowie wertvolle Hinweise zu Warenkunde und ähnlichem.

Die Querverweise

Sie finden sich sowohl im Einleitungsteil als auch in den Rezepten. Sie stehen immer in Klammern und sind durch einen kleinen Pfeil (→) gekennzeichnet. Eine Seitenzahl und Stichworte helfen, daß die entsprechende Stelle im Buch umgehend gefunden wird.

Die Zubereitungszeit

Die in den Rezepten angegebene Zubereitungszeit umfaßt sowohl die Vorbereitungs- als auch die Garzeiten. Es wurden durchschnittliche Werte zugrunde gelegt, die natürlich individuellen Schwankungen unterworfen sind. Besonders ausgewiesen sind spezielle Zeiten, wie z. B. die Zeit zum Kühlen, Gehen oder Quellen.

Die Portionsangaben

Die Angabe, für wie viele Portionen oder sonstigen Mengen ein Rezept gedacht ist, finden Sie über den Basiszutaten (linke Buchspalte).

Die Zutatenmengen

Sie beziehen sich bei Gramm und Kilogrammangaben (z. B. „450 g Kartoffeln") immer auf die ungeputzte Rohware. Stückangaben (wie z. B. „1 Möhre") beziehen sich immer auf mittelgroße Stücke Rohware. Bei Mengenangaben wie Teelöffel (TL) und Eßlöffel (EL) wird von gestrichenen Maßen ausgegangen.

Abkürzungen

ca.	= *zirka*
mind.	= *mindestens*
TL	= *Teelöffel*
EL	= *Eßlöffel*
g	= *Gramm*
kg	= *Kilogramm*
ml	= *Milliliter*
l	= *Liter*
cm	= *Zentimeter*
Min.	= *Minuten*
Std.	= *Stunde(n)*
TK-...	= *Tiefkühl-...*
S.	= *Seite(n)*

BASISREZEPT

Schmorbraten

- Zubereitungszeit: ca. 1 1/2 Std.
- Für 4 Portionen

BASISZUTATEN

700 g Kalbsbraten (z. B. aus der Nuß)
Salz
500 g mehligkochende Kartoffeln
3 EL Öl nach Wahl
ca. 300 ml Kalbsbrühe oder -fond (→ Rezept „Fleischbrühe", S. 130)

1 Das Fleisch rundherum mit Salz einreiben. Die Kartoffeln schälen, waschen und grob würfeln.

2 Das Öl in einem Schmortopf erhitzen. Das Fleisch darin rundherum scharf anbraten. Die Kartoffeln dazugeben und ebenfalls anbraten.

3 Das Ganze mit der Brühe oder dem Fond ablöschen. Den Topf verschließen und alles bei milder Hitze ca. 1 Stunde schmoren lassen. Bei Bedarf etwas Flüssigkeit nachgießen.

4 Das Fleisch herausnehmen und warm stellen. Die Kartoffeln mitsamt dem Schmorsud pürieren und alles aufkochen.

5 Die Sauce mit Salz abschmecken und je nach Konsistenz etwas einkochen lassen oder mit Brühe bzw. Fond verdünnen. Den Braten aufschneiden und mit der Sauce servieren.

REZEPTVARIATIONEN

Statt Kalbfleisch kann ein entsprechendes Bratenstück vom Schwein (z. B. aus Kamm oder Keule), vom Rind (z. B. aus Kamm oder Bug) oder vom Lamm (z. B. Rollbraten oder Bruststück) ausgewählt werden. Auch ein Putenrollbraten bietet sich an. Es sollten dann die Brühen bzw. Fonds der ausgewählten Tierart (→ Rezepte S. 129 und 130) genommen werden.

Etwa die Hälfte der Kartoffeln kann gegen eine andere Gemüsesorte, wie z. B. Zucchini, Paprikaschoten, Möhren, Schwarzwurzeln, Lauch, Wirsing oder Rosenkohl, ausgetauscht werden. Die Gemüse entsprechend putzen, waschen und grob zerkleinern. Je nach dem Stärke- und Fasergehalt der Gemüse kann die benötigte Menge Brühe bzw. Fond variieren.

Das Öl kann durch die gleiche Menge Butterschmalz ersetzt werden.

REZEPTERWEITERUNGEN

Passende Kräuter und Gewürze: gemahlener weißer Pfeffer, edelsüßes Paprikapulver, gemahlener Kreuzkümmel, gepreßter Knoblauch, Petersilie oder Thymian.

Würzige Sauce
Für einen intensiveren Geschmack 2 kleine Zwiebeln schälen, würfeln und sie zusammen mit den Kartoffeln (→ Schritt 2) anbraten.

Cremige Sauce
Die fertige Sauce mit 100 g Crème fraîche oder 75 g Ziegenfrischkäse verfeinern.

PRAKTISCHE TIPS

Der Braten kann ebensogut im Backofen gegart werden. Er sollte im vorgeheizten Ofen bei 200 °C ca. 1 1/2 Stunden schmoren.

Für Schmorbraten bietet sich auch die Zubereitung in einem Tontopf an. Den Topf entsprechend der Herstellerangaben vorbereiten, Fleisch und Gemüse in einer großen Pfanne anbraten, in den Topf geben, Flüssigkeit angießen und den Topf verschließen. Alles bei 200 °C ca. 1 3/4 Stunden im Ofen garen.

Schmorbraten mit Paprikaschoten

Bratensaucen können grundsätzlich ohne Mehl und ohne Saucenbinder (Fertigprodukt) gebunden werden. Einfach einige Kartoffeln im Bratensaft mitgaren, später alles fein pürieren und eventuell durch ein Sieb passieren.
Der Saucengeschmack wird noch verbessert, wenn ein Teil der Kartoffeln durch andere Gemüsesorten (z. B. Tomaten, Möhren, Zucchini, Lauch) ersetzt wird.

- Zubereitungszeit: ca. 1 1/2 Std.
- Für 4 Portionen

BASISZUTATEN

700 g Rindergulasch
2 EL Öl nach Wahl
ca. 1/4 l Wasser
etwas Salz
gemahlener weißer Pfeffer
500 g frische Champignons

BASISREZEPT

Gulasch

1 Das Gulasch im heißen Öl in einem Schmortopf scharf anbraten, dann mit dem Wasser ablöschen, salzen und pfeffern und im geschlossenen Topf ca. 1 Stunde schmoren lassen.

2 Das Ganze von Zeit zu Zeit umrühren und eventuell etwas Flüssigkeit nachgießen.

3 Die Pilze putzen, waschen und kleinschneiden, dann zum Fleisch geben. Alles noch ca. 1/4 Stunde köcheln lassen. Das Gulasch vor dem Servieren abschmecken.

REZEPTVARIATIONEN

Statt Rindfleisch kann die gleiche Menge Gulaschfleisch vom Schwein, Kalb, Lamm, Reh oder Hirsch genommen werden. Je nach Fleischsorte und -qualität kann die Garzeit etwas variieren. Es ist auch möglich, Puten- oder Kaninchenfleisch zu verwenden. Dann verkürzt sich die Garzeit allerdings auf insgesamt 1/2 bis 3/4 Stunde.

Das Öl kann durch die gleiche Menge Butterschmalz ersetzt werden.

Anstelle der Champignons können frische Pfifferlinge, Steinpilze, Maronen, Shiitake- oder Austernpilze Verwendung finden.

REZEPTERWEITERUNGEN

Weitere passende Würzzutaten: edelsüßes Paprikapulver, Cayennepfeffer, gemahlener Kreuzkümmel oder Kümmel, Currypulver (→ Rezept S. 134), frisch gepreßter Knoblauch.

Würziges Gulasch
2 Zwiebeln oder eine Stange Lauch schälen bzw. putzen, kleinschneiden und zusammen mit dem Fleisch anbraten. Dann das Ganze wie angegeben zubereiten.

Sämiges Gulasch
Etwa 2 TL Mais- oder Kartoffelstärke mit wenig Wasser glattrühren und nach Ende der Garzeit zum Gulasch gießen. Anschließend das Ganze nochmals aufkochen.

Cremiges Gulasch
Etwa 2 EL süße oder saure Sahne, Crème fraîche oder Ziegenfrischkäse in das fertige Gulasch rühren.

Tomatengulasch
5 mittelgroße Tomaten überbrühen, enthäuten, von den Stielansätzen befreien, vierteln, dann zum angebratenen Fleisch geben (→ Schritt 1) und kurz mitbraten. Das Ganze ablöschen und wie angegeben fertigstellen. Wenn nötig, die Sauce am Schluß etwas einköcheln lassen.

Paprikagulasch
Nur etwa 500 g Fleisch und je 1 große rote, grüne und gelbe Paprikaschote verwenden. Die Schoten waschen, entkernen, in grobe Stücke schneiden, in etwas Öl anbraten und ca. ¼ Stunde vor Ende der Garzeit zum Gulaschfleisch geben. Das Ganze wie angegeben fertigstellen.

PRAKTISCHER TIP
Das Gulasch läßt sich in entsprechenden Gefrierdosen gut einfrieren. Es sollte stets erst kurz vor dem Servieren verfeinert (→ Rezepterweiterungen) werden.

BEILAGENTIPS
Zum Gulasch passen Salzkartoffeln, Kartoffelpüree, Polenta oder Nudeln (→ Rezepte S. 73, 74 und 78) oder gekochter Reis.

Oben Basisrezept, unten Paprikagulasch

BASISREZEPT

Schmortopf

- Zubereitungszeit: ca. $1^1/_2$ Std.
- Für 4 Portionen

BASISZUTATEN

1 Kaninchen

Salz

4 rote Paprikaschoten

150 ml Wasser

1 Einen Tontopf wässern. Das Kaninchen in Portionsteile zerlegen. Diese abspülen, trockentupfen und mit Salz einreiben.

2 Die Paprikaschoten vierteln, entkernen, waschen und in breite Streifen schneiden.

3 Alle Zutaten in den Tontopf einschichten und das Wasser angießen. Den Topf verschließen, in den Backofen stellen und alles bei 200 bis 225 °C ca. 1 Stunde garen.

Schmortopf mit Majoran

REZEPTVARIATIONEN

Statt Kaninchen kann auch 1 Wildhase oder Geflügel, wie z. B. 1 Poularde, 4 Hähnchenkeulen, 2 Putenunterkeulen, 1 Wildente oder 1 kleine Hausente, genommen werden. Je nach Fleischqualität kann sich die Garzeit verlängern.

Anstelle der Paprikaschoten können etwa 600 g Möhren, Zucchini, Lauch, Fenchel, Stangenbohnen, Zuckerschoten, Broccoli, Blumenkohl, Wirsing oder Kohlrabi verwendet werden. Das Gemüse entsprechend putzen bzw. schälen, waschen und nicht zu klein zerschneiden bzw. zerteilen.

Ein Teil des Gemüses kann durch Kartoffeln ausgetauscht werden. Die Kartoffeln schälen, waschen, grob zerschneiden und zusammen mit dem Gemüse in den Topf schichten.

Statt des Wassers kann die gleiche Menge Gemüse- oder Fleisch- bzw. Geflügelbrühe (→ Rezepte S. 130 und 129) genommen werden.

REZEPTERWEITERUNGEN

Passende Kräuter und Gewürze: gemahlener weißer Pfeffer, edelsüßes Paprikapulver, Majoran, Thymian, Rosmarin, Wacholderbeeren, fein zerstoßener Piment, Lorbeerblätter, Currypulver (→ Rezept S. 134), frische Knoblauchzehen. Die ausgewählten Würzzutaten mit in den Topf geben.

BEILAGENTIPS

Zum Schmortopf passen Salzkartoffeln, Reis oder Kartoffelpuffer (→ Rezept S. 68).

PRAKTISCHER TIP

Beim Garen im Tontopf werden nur wenige Würzzutaten gebraucht. Alles gart fest verschlossen im eigenen Saft, so bleiben Eigengeschmack und Aromen der Nahrungsmittel bestens erhalten. Voraussetzung ist allerdings eine gute Qualität der Zutaten.

BASISREZEPT

Fleisch-Gemüse-Eintopf

- Zubereitungszeit: ca. $^3/_4$ Std.
- Für 4 Portionen

BASISZUTATEN

ca. 1,2 l Lammbrühe und das entsprechende Stück Lammschulter (→ Rezept „Fleischbrühe", S. 130)
500 g kleine festkochende Kartoffeln
750 g frische grüne Bohnen (Buschbohnen)
etwas Salz

1 Das Lammfleisch von Sehnen, Fett sowie eventuell vorhandenen Knochen befreien und in mundgerechte Stücke schneiden.

2 Die Kartoffeln schälen, waschen und halbieren. Die Bohnen waschen, putzen und halbieren.

3 Die Lammbrühe aufkochen und salzen. Die Kartoffeln und die Bohnen hineingeben und bei mittlerer Hitze ca. 20 Minuten kochen.

4 Das Lammfleisch dazugeben, alles in ca. 5 Minuten fertiggaren.

Basisrezept

REZEPTVARIATIONEN

Anstatt der frischen Bohnen kann auch Dosenware (Prinzeßbohnen) genommen werden. Diese gut abtropfen lassen und mit dem Fleisch zum Eintopf geben (→ Schritt 4).

Eintopf mit Mais
Etwa 250 g der Bohnen können durch eine entsprechende Menge Maiskörner aus der Dose ersetzt werden.

Anstelle der grünen Bohnen können die gleiche Menge Stangen- oder Wachsbohnen, Auberginen, Zucchini, Paprikaschoten, Schwarzwurzeln, Wirsing oder Möhren verwendet werden. Eine beliebige Mischung aus zwei Gemüsesorten ist ebenfalls denkbar. Die Gemüse entsprechend putzen, waschen und kleinschneiden. Je nach Sorte kann die Garzeit variieren.

Brühe und Fleisch können auch von Rind, Kalb, Schwein, Kaninchen oder Wild stammen (→ Rezept „Fleischbrühe", S. 130).

Eintopf mit Reis oder Nudeln
Die Kartoffeln können gegen etwa 300 g gekochten Reis (etwa 100 g Rohgewicht) oder gekochte Nudeln (→ Rezepte S. 74) ausgetauscht werden. Beides erst gegen Ende zum Eintopf geben (→ Schritt 4) und nur kurz erwärmen.

REZEPTERWEITERUNGEN

Passende Kräuter und Gewürze: gemahlener weißer Pfeffer, frisches oder getrocknetes Bohnenkraut, frisch gehackte Petersilie, gemahlener Koriander oder Ingwerpulver, sowie frisch gepreßter Knoblauch.

Eintopf mit Aprikosen
Etwa 200 g getrocknete ungeschwefelte Aprikosen in Streifen schneiden und ca. 10 Minuten vor Ende der Garzeit zum Eintopf geben.

- Zubereitungszeit: ca. 1/2 Std.
- Für 4 Portionen

BASISZUTATEN

4 dünne Schweineschnitzel (à ca. 150 g)
etwas Salz
3 EL Weizenmehl Type 405
2 Eier
100 g Semmelbrösel (→ Praktischer Tip)
ca. 100 g Butterschmalz

BASISREZEPT

Panierte Schnitzel

1 Die Schnitzel flachstreichen und mit Salz bestreuen. Das Mehl auf einen flachen Teller schütten. Die Eier in einem tiefen Teller verquirlen. Die Semmelbrösel auf einen dritten flachen Teller streuen.

2 Die Schnitzel zuerst im Mehl, dann im verquirlten Ei und zuletzt in den Semmelbröseln wenden.

3 Nacheinander die Schnitzel im nicht zu heißen Butterschmalz von beiden Seiten ca. 5 Minuten goldbraun braten.

REZEPTVARIATIONEN

Anstatt der Schweineschnitzel kann auch Schnitzel- bzw. Kotelettfleisch von Kalb, Rind, Lamm, Reh, Hirsch, Kaninchen, Pute oder Hähnchen genommen werden. Auf die gleiche Art können auch Fischkoteletts oder Fischfilets (Salz- oder Süßwasserfische) paniert werden.

Statt Weizenmehl kann die gleiche Menge Mais-, Kartoffel- oder Reisstärke Verwendung finden.

Panade mit Nuß
Die Semmelbrösel gegen die gleiche Menge fein gemahlene Mandeln, Hasel- oder Walnüsse, Pistazien (ungesalzen) oder getrocknete Kokosraspeln austauschen. Alles gut andrücken, denn diese Art von Panade löst sich leicht ab.

Panade ohne Ei
Fleisch oder Fisch mit Wasser anfeuchten oder aber mit etwas Frischkäse aus Ziegen-, Schafs- bzw. Kuhmilch bestreichen. Das Ganze in den ausgewählten Panadenzutaten wenden (→ Basisrezept oder Rezeptvariationen). Alles gut festdrücken, da sich die Panade ohne Ei leicht löst.

REZEPTERWEITERUNGEN

Passende Kräuter und Gewürze: gemahlener weißer Pfeffer, edelsüßes Paprikapulver, Petersilie, Schnittlauchröllchen, Salbei, Thymian oder Majoran. Die Schnitzel mit den ausgewählten Würzzutaten bestreuen (→ Schritt 1).

PRAKTISCHER TIP

Für selbstgemachte Semmelbrösel Brot oder Brötchen backen (→ Rezepte S. 116 und 118), trocknen lassen und anschließend auf der Haushaltsreibe oder mit der Küchenmaschine fein reiben. In ein Schraubdeckelglas abgefüllt, halten sich die Brösel ca. 3 Monate. Sie müssen vor dem Abfüllen trocken sein.

BEILAGENTIPS

Zu Schnitzelgerichten paßt gekochtes oder gedämpftes Gemüse (→ Rezept S. 83), ein Salatteller (→ Rezepte „Salatsaucen“, S. 88/89) sowie Salzkartoffeln oder Pommes frites.

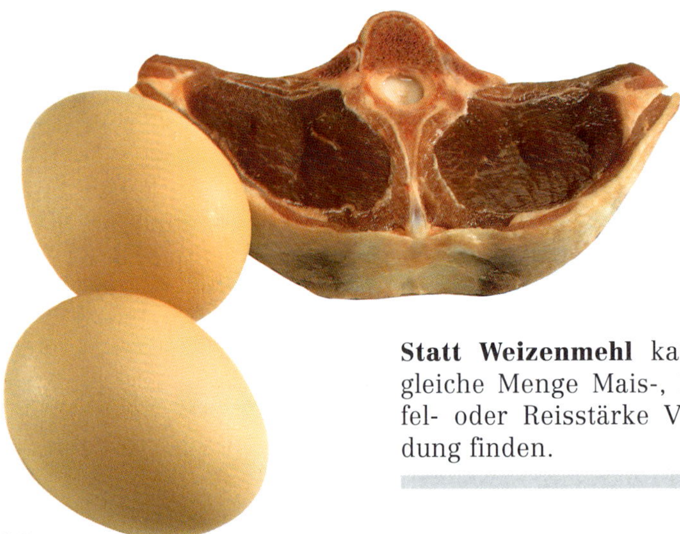

- Zubereitungszeit: ca. 25 Min.
- Für 4 Portionen

BASISZUTATEN

500 g Rinderhackfleisch
etwas Salz
gemahlener weißer Pfeffer

Hamburger mit Rinderhackfleisch

BASISREZEPT

Frikadellen

1 Den Backofen auf 250°C vorheizen. Das Hackfleisch zusammen mit Salz und Pfeffer verkneten, abschmecken und in 4 Portionen teilen. Diese zuerst zu Kugeln formen, dann flachdrücken.

2 Ein Backblech mit Alufolie belegen, die Frikadellen darauf setzen und auf der obersten Schiene im Ofen 10 bis 15 Minuten braten oder grillen, zwischendurch wenden.

REZEPTVARIATIONEN

Anstelle von Rindfleisch kann die gleiche Menge Hackfleisch vom Schwein, Kalb oder auch Lamm genommen werden.

REZEPTERWEITERUNGEN

Passende Kräuter und Gewürze: Thymian, Oregano, Majoran, Petersilie, Kardamompulver oder gemahlener Kreuzkümmel, edelsüßes Paprikapulver, frisch gepreßter Knoblauch, gehacktes Koriandergrün. Die ausgewählten Geschmackszutaten unter die Fleischmasse kneten.

Damit der Fleischteig besser bindet, entweder 2 EL Kichererbsenmehl (Reformhaus oder Asienladen) oder 1 Eigelb und 1 in Wasser eingeweichtes und gut ausgedrücktes Brötchen (→ Rezepte S. 116 und 119) darunterkneten.

Würzige Frikadellen
1 kleine Zwiebel schälen, ganz fein würfeln, in 1 EL Öl nach Wahl oder Butter glasig werden lassen und unter das Fleisch kneten.

REZEPTIDEE

Hamburger

4 Brötchen (→ Rezept S. 119) halbieren, die unteren Hälften dünn mit Senf oder Mayonnaise (→ Rezepte S. 134 und 135) bestreichen und mit Salatblättern, Tomatenscheiben sowie Zwiebelringen belegen. Je 1 gebratene Frikadelle darauf setzen, mit Ketchup (→ Rezept S. 133) bestreichen und dann die oberen Brötchenhälften darauf legen.

PRAKTISCHE TIPS

Wird der Fleischteig gebunden (→ Rezepterweiterungen), können die Frikadellen auch in einer beschichteten Pfanne gebraten werden. Als Fettzusatz empfiehlt sich Butter, Butterschmalz oder Öl nach Wahl.

Für einen Hackbraten die Hackfleischmasse zu einem Laib formen. Diesen auf ein mit Alufolie belegtes Backblech setzen und im vorgeheizten Backofen bei 200°C ca. 3/4 Stunde braten.

BASISREZEPT

Ragout von Innereien

- Zubereitungszeit: ca. 1 Std.
- Zeit zum Wässern: ca. 1/2 Std.
- Für 4 Portionen

BASISZUTATEN

200 g Rinderniere
300 g Rinderherz
300 g Rinderleber
2 EL Öl nach Wahl
2 EL Weizenmehl Type 405
350 ml Rinderbrühe (→ Rezept „Fleischbrühe", S. 130)
etwas Salz

1 Die Innereien waschen. Die Niere ca. 1/2 Stunde in kaltem Wasser wässern, dabei das Wasser öfter wechseln oder ständig etwas laufen lassen.

2 Niere, Herz und Leber von eventuell vorhandenen Häutchen, Adern und Fett befreien, trockentupfen, klein würfeln oder grob schnetzeln. Das Öl erhitzen und die Innereien kurz darin anbraten.

3 Das Mehl darüberstreuen, kurz mit anschwitzen, dann nach und nach die Brühe unter Rühren dazugießen. Das Ganze mit Salz würzen und bei milder Hitze ca. 20 Minuten schmoren lassen.

REZEPTVARIATIONEN

Anstelle der Rinderinnereien können auch solche vom Kalb, Schwein, Hirsch, Reh oder Herz und Leber von Pute bzw. Hähnchen verwendet werden. Es empfiehlt sich, die Brühe aus Fleisch und Knochen der jeweils gewählten Tierart herzustellen (→ Rezepte S. 129 und 130).

Das Weizenmehl kann auch durch die gleiche Menge Kartoffel- oder Maisstärke ersetzt werden.

REZEPTERWEITERUNGEN

Passende Kräuter und Gewürze: gemahlener weißer Pfeffer, gemahlener Kreuzkümmel oder Ingwer, Currypulver (→ Rezept S. 134), Thymian, Majoran, Oregano, Estragon, Salbei, Rosmarin, Petersilie oder Schnittlauchröllchen.

Ragout mit Gemüse
Etwa 300 g Gemüse nach Wahl (wie z. B. Möhren, Pastinaken, Paprikaschoten, Zucchini, Zuckerschoten, grüne Bohnen, Weißkohl, Rotkohl oder Wirsing) entsprechend putzen, waschen, kleinschneiden und anfangs im Öl leicht anbraten. Die vorbereiteten Innereien dazugeben (→ Schritt 2). Die Menge der Innereien kann etwas reduziert werden.

Cremiges Ragout
Das Ragout zum Schluß mit etwa 100 g Crème fraîche oder 75 g mildem Ziegenfrischkäse verfeinern.

Ragout mit Pilzen
Etwa 250 g frische Pilze, wie z. B. Pfifferlinge, Champignons, Maronen, Butter-, Austern- oder Shiitake-Pilze, putzen, waschen, in Scheiben oder Streifen schneiden und anfangs im Öl kurz anbraten. Die vorbereiteten Innereien dazugeben (→ Schritt 2).

Legiertes Ragout
2 frische Eigelbe verquirlen und unter das fertige Ragout ziehen. Das Ganze nicht mehr aufkochen.

PRAKTISCHER TIP
Nieren können vor dem Wässern mit lauwarmem Essigwasser (aus Essigessenz herstellen) gründlich abgerieben werden.

BEILAGENTIPS
Zum Ragout paßt gegartes Gemüse nach Belieben. Als Stärkebeilagen eignen sich Kartoffelpüree (→ Rezept S. 73), Schupfnudeln oder Gnocchi (→ Rezept S. 72), Reis, Polenta (→ Rezept S. 78) oder Nudeln (→ Rezepte S. 74).

Oben links Basisrezept, oben rechts Ragout mit Paprika- und Zuckerschoten, unten Ragout mit Austernpilzen

- Zubereitungszeit: ca. 1/2 Std.
- Für 4 Portionen

BASISZUTATEN

je 1 kleine rote und gelbe Paprikaschote
600 g Putenbrustfilets
4 EL Öl nach Wahl
etwas Salz

Basisrezept

BASISREZEPT

Schaschlik

1 Die Paprikaschoten waschen, trockenreiben, halbieren, entkernen und in mundgerechte Stücke schneiden.

2 Das Putenfleisch in mundgerechte Würfel schneiden. Alles buntgemischt auf Holz- oder Metallspieße (Schaschlikspieße) stecken.

3 Das Öl in einer Pfanne nicht zu stark erhitzen, die Spieße darin rundherum kräftig anbraten. Das Ganze salzen, die Hitze reduzieren und alles noch ca. 5 Minuten braten.

REZEPTVARIATIONEN

Anstelle der Putenbrustfilets kann die gleiche Menge Hähnchen- oder Entenbrustfleisch genommen werden. Auch Gulaschfleisch vom Schwein, Kalb, Rind, Lamm, Hirsch oder Reh kann verwendet werden. Dabei sollten die Fleischwürfel nicht zu groß geschnitten sein, damit sie in kurzer Zeit durchgebraten sind. Je nach Fleischsorte und -qualität verlängert sich die Garzeit auf bis zu 10 Minuten.

Anstelle der Paprikaschoten können auch andere Gemüse verwendet werden (→ Rezepterweiterungen).

Das Öl kann durch Butterschmalz ersetzt werden.

REZEPTERWEITERUNGEN

Passende Gewürze: gemahlener weißer Pfeffer, edelsüßes Paprikapulver, Currypulver (→ Rezept S. 134), gemahlener Kreuzkümmel, Ingwerpulver, frisch gepreßter Knoblauch.

Neben den Paprikaschoten kann weiteres Gemüse, wie z. B. 1 mittelgroße Zwiebel in Spalten, 1 kleiner Zucchino in Scheiben, eine mittelgroße Möhre in ganz dünnen Scheiben, etwa 8 kleine Champignons oder quer halbierte Maiskölbchen, Verwendung finden. Alle Gemüsesorten entsprechend vorbereiten, d. h. schälen, putzen und waschen. Es kann eine individuelle Auswahl getroffen werden, wobei auch die Paprikaschoten kein Muß sind. Je nach Menge der ausgewählten Gemüse sollte der Putenfleischanteil auf bis zu 450 g reduziert werden.

BEILAGENTIPS

Zum Schaschlik können Brot oder Brötchen (→ Rezepte S. 116 bis 121) und Ketchup oder Senf (→ Rezepte S. 133 und 134) gereicht werden. Ein Blattsalat nach Wahl vervollständigt die Mahlzeit.

PRAKTISCHER TIP

Die Spieße eignen sich auch zum Grillen. Sie sollten zuvor und während des Grillvorgangs mit Öl nach Wahl bepinselt werden.

- Zubereitungszeit: ca. 1/2 Std.
- Für 4 Portionen

BASISZUTATEN

600 g Putenbrustfilets
300 g frische Champignons
2 EL Öl nach Wahl
etwas Salz

BASISREZEPT

Geschnetzeltes

1 Das Putenfleisch kalt abspülen, trockentupfen und in feine Streifen schneiden. Die Champignons waschen oder abreiben und in dünne Scheiben schneiden.

2 Das Öl in einer großen Pfanne erhitzen und die Fleischstreifen darin unter Rühren scharf anbraten. Die Pilze dazugeben, alles noch ca. 3 Minuten unter Rühren braten und mit Salz abschmecken.

REZEPTVARIATIONEN

Die Champignons können durch die gleiche Menge frische Shiitakepilze, Austernpilze oder Pfifferlinge ersetzt werden.

Geschnetzeltes mit Gemüse
Die Pilze können durch die gleiche Menge Gemüse, wie z. B. Tomaten, Paprikaschoten, Möhren, Fenchel, grüne Bohnen, Zuckerschoten oder Zucchini, ersetzt werden. Die Gemüsesorten entsprechend putzen, waschen und kleinschneiden. Feste Gemüsesorten müssen in Salzwasser vorgegart werden.

Anstelle des Putenfleisches können Hähnchenbrustfilets sowie Filet oder Schnitzel von Kalb, Rind, Schwein, Lamm, Reh oder Hirsch verwendet werden.

REZEPTERWEITERUNGEN

Passende Kräuter und Gewürze: gemahlener weißer Pfeffer, gemahlener Kreuzkümmel, edelsüßes Paprikapulver, Cayennepfeffer, Petersilie, Schnittlauchröllchen, Kerbel oder Dillspitzen.

Würzige Variante
1 Zwiebel oder 1 kleine Lauchstange schälen bzw. putzen, kleinschneiden und mit dem Fleisch anbraten.

Sahnige Variante
Gegen Ende der Garzeit etwa 200 g süße Sahne oder Crème fraîche in die Pfanne geben, alles verrühren und noch kurz durchkochen.

Gebundene Variante
Das fertige Geschnetzelte mit etwa 1 TL in etwas Wasser angerührter Mais- oder Kartoffelstärke binden. Das Ganze mit 2 EL süßer Sahne oder Ziegenfrischkäse verfeinern.

Currygericht
Das Geschnetzelte nach Belieben mit Currypulver (→ Rezept S. 134) abschmecken.

BEILAGENTIPS

Zum Geschnetzelten können Salzkartoffeln, Kartoffelpüree, Kartoffelpuffer oder Schupfnudeln (→ Rezept S. 73, 68 und 72), gekochter Reis, Nudeln oder Polenta (→ Rezept S. 74 und 78) serviert werden.

- Zubereitungszeit: ca. 2 Std.
- Für 4 Portionen

BASISZUTATEN

750 g Möhren
2 Putenunterkeulen (à ca. 400 g)
2 l kaltes Wasser
20–30 g Kartoffelstärke
etwas Salz

BASISREZEPT

Frikassee

1 Die Möhren putzen, waschen und in dünne Scheiben schneiden, dabei 1 ganze Möhre zurückbehalten.

2 Die Keulen abspülen, trockentupfen, mit dem Wasser und der ganzen Möhre in einen großen Topf geben.

3 Alles langsam zum Kochen bringen, dann die Hitze reduzieren. Die Putenkeulen bei halb geschlossenem Topf ca. 1 1/4 Stunden sanft köcheln lassen.

4 Die Putenkeulen herausnehmen und etwas abkühlen lassen. Dann die Geflügelbrühe durch ein feinmaschiges Metallsieb abseihen. Etwa 3/4 l Brühe abmessen und wieder aufkochen. Die Möhren darin ca. 7 Minuten kochen.

5 Die Stärke zusammen mit wenig Wasser glattrühren und unter die kochende Geflügelbrühe rühren.

6 Das Putenfleisch von Haut und Knochen befreien, in mundgerechte Stücke schneiden und in die gebundene Brühe geben. Alles aufkochen und mit Salz abschmecken.

REZEPTVARIATIONEN

Statt der Putenkeulen kann auch anderes Geflügel, wie z. B. 1 Suppenhuhn (ungefähr 1,25 kg), 1 Poularde (etwa 1,25 kg) oder 4 mittelgroße Hähnchenkeulen, verwendet werden. Bei Hähnchenkeulen verkürzt sich die Garzeit auf ca. 3/4 Stunden.

Die Möhren können durch die gleiche Menge Spargel oder Broccoliröschen ersetzt werden. Den Spargel schälen und in ca. 3 cm lange Stücke schneiden. Den Broccoli waschen. Das Gemüse später ca. 1/4 Stunde in der Brühe garen (→ Schritt 3).

Anstelle der Möhre kann das Geflügel auch zusammen mit einer Petersilienwurzel, einem Stück Lauch oder Stangensellerie gekocht werden.

Statt Kartoffelstärke kann auch die gleiche Menge Reis- oder Maisstärke Verwendung finden.

REZEPTERWEITERUNGEN

Legiertes Frikassee
2 frische Eigelbe mit etwa 50 g süßer Sahne oder 3 EL von der übriggebliebenen Geflügelbrühe verquirlen und alles unter das fertige Frikassee rühren. Das Ganze nicht mehr kochen lassen.

Passende Kräuter und Gewürze: frisch gemahlener weißer Pfeffer, Schnittlauchröllchen, frisch gehackte Petersilie, frische Kerbelblättchen, etwas Zitronensaft.

BEILAGENTIPS

Zum Frikassee können Salzkartoffeln, gekochter Reis, Kartoffelpüree oder Nudeln (→ Rezepte S. 73 und 74) gereicht werden.

Oben Frikassee mit Brokkoli,
Mitte Frikassee mit Spargel,
unten Basisrezept

BASISREZEPT

Pizza

- Zubereitungszeit: ca. 3/4 Std.
- Zeit zum Gehen: ca. 1 Std.
- Backzeit: 15 bis 20 Min.
- Für 2 Portionen

BASISZUTATEN

Für den Teig:

ca. 10 g frische Hefe

1 Prise Zucker

knapp 1/8 l lauwarmes Wasser

200 g Weizenmehl Type 405

1/4 TL Salz

Für den Belag:

350 g vollreife Tomaten

etwas Salz

125 g Mozzarella (aus Kuhmilch)

Außerdem:

etwas Weizenmehl zum Ausrollen

etwas Öl nach Wahl (vorzugsweise Olivenöl) für die Form

1 Aus den Zutaten entsprechend der Zubereitungsanweisung zum Grundrezept „Süßer Hefeteig" (→ S. 112) einen Hefeteig herstellen. Auf einen Fettzusatz wird hierbei verzichtet.

2 Für den Belag die Tomaten überbrühen, enthäuten, von den Stielansätzen befreien, grob würfeln und in einem Topf ca. 10 Minuten unter ständigem Rühren kochen.

3 Den Backofen auf 250°C vorheizen. Den Teig auf einer bemehlten Arbeitsfläche ausrollen. Eine Spring- oder Pizzaform (ca. 30 cm) ausfetten und mit dem Teig auskleiden. Dabei einen kleinen Rand hochdrücken.

4 Den Teig mit dem Tomatenmus bestreichen. Das Ganze salzen. Den Käse in dünne Scheiben schneiden und darauf legen. Die Pizza im Ofen 15 bis 20 Minuten backen.

REZEPTVARIATIONEN

Anstelle des Mozzarella aus Kuhmilch kann die gleiche Menge Büffelmilchmozzarella oder etwa 175 g Schafskäse auf die Pizza gelegt werden.

Statt mit Tomatenmus kann der Teig auch mit Spinatmus bestrichen werden (→ Schritt 4). Dazu etwa 300 g TK-Blattspinat natur auftauen lassen, pürieren und mit Pfeffer und Salz abschmecken.

Statt Weizenmehl die gleiche Menge fein gemahlenen Dinkel verwenden. Der Teig ist beim Ansetzen recht feucht, nach dem Gehen ist er jedoch kompakt genug. Nicht mehr Mehl hinzugeben, da der Teig dann schlecht aufgeht und folglich nach dem Backen zu fest ist.

Mürbeteigpizza
Ein halbes Rezept pikanten Mürbeteig (→ „Mürbeteig", Rezeptvariationen, S. 106) zubereiten. Eine Springform (mit ca. 26 cm) ausfetten. Den Teig ausrollen, hineinlegen, 10 bis 15 Minuten blind vorbacken (→ „Mürbeteig", Praktische Tips, S. 107), dann belegen und in ca. 1/4 Stunde fertigbacken.

REZEPTERWEITERUNGEN

Passende Kräuter und Gewürze: gemahlener weißer Pfeffer, frischer Knoblauch in Scheiben sowie in frischer oder getrockneter Form Basilikum, Majoran oder Oregano.

Knoblauchpizza ohne Tomaten
Den ausgerollten Teig in eine Form geben (→ Schritt 3) und mit 3 EL Olivenöl bepinseln. Etwa 8 Knoblauchzehen und 3 entkernte Chilischoten fein hacken und auf dem Teig verteilen, dann etwas getrockneten Oregano oder Majoran darauf streuen. 250 g Mozzarella aus Kuh- oder Büffelmilch in Scheiben schneiden, auf die Pizza legen und sie wie angegeben backen.

Salami-Pilz-Pizza ohne Käse
Den Teig mit dem Tomatenmus bestreichen, mit 50 g dünnen Salamischeiben und 100 g fein geschnittenen frischen Champignons belegen (→ Schritt 4). Etwa 3 EL Olivenöl darüberträufeln und die Pizza wie angegeben backen.
Passende Kräuter und Gewürze: gemahlener weißer Pfeffer, frischer Knoblauch in Scheiben, getrockneter Thymian, Majoran oder Oregano.

Garnelen-Pilz-Pizza
Den Teig mit dem Tomatenmus bestreichen, mit 100 g fein geschnittenen frischen Champignons, 150 g geschälten Garnelen und dem Käse belegen (→ Schritt 4). Die Pizza wie angegeben backen.
Passende Kräuter und Gewürze: gemahlener weißer Pfeffer, frischer Knoblauch in Scheiben, getrockneter Thymian, Majoran, Oregano oder Rosmarin.

Gemüsepizza
Den Teig mit dem Tomatenmus bestreichen und mit 200 bis 250 g Zucchini- oder Möhrenstiften, mit Paprika- oder Lauchstreifen oder mit Brokkoliröschen belegen. Die Gemüse entsprechend vorbereiten, d. h. putzen, waschen und kleinschneiden. Feste Gemüsesorten zuvor blanchieren. Sie sollten bißfest sein. Das Ganze mit etwa 3 EL Olivenöl oder zerlassener Butter beträufeln, mit Käse belegen und wie angegeben backen (→ Schritt 4).
Passende Kräuter und Gewürze: gemahlener weißer Pfeffer, frischer Knoblauch in Scheiben oder etwas frisches Basilikum.

Oben Salami-Pilz-Pizza ohne Käse, Mitte Garnelen-Pilz-Pizza, links Gemüsepizza

PRAKTISCHE TIPS
Eine Pizza kann natürlich mit einer Vielzahl von Zutaten belegt werden. Unsere Variationen und Erweiterungen sind nur Vorschläge, die je nach Vorliebe und Verträglichkeit veränderbar sind.

Für 4 bis 5 Portionen Pizza die Zutatenmengen einfach verdoppeln. Den Pizzateig auf einem mit Backpapier ausgelegten Backblech ausrollen, beliebig belegen und 25 bis 30 Minuten backen.

BASISREZEPT

Gedünsteter Fisch

- Zubereitungszeit: ca. 3/4 Std.
- Für 4 Portionen

BASISZUTATEN

Für die Fische:

4 Bachforellen

(à ca. 300 g)

Salz

4 kleine Kohlrabi

200 ml Fischbrühe oder

-fond (→ Rezept S. 131)

Außerdem:

2 Bratbeutel

1 Den Backofen auf 200°C vorheizen. Die Fische abspülen, trockentupfen und innen und außen mit Salz einreiben. Die Kohlrabi schälen und in ca. 1 cm große Würfel schneiden.

2 Je 2 Forellen und die Hälfte der Gemüsewürfel in einen Bratbeutel geben. Jeweils etwa 100 ml Brühe bzw. Fond dazugießen.

3 Die Beutel verschließen, oben mit einer Gabel einmal einstechen und auf ein Backblech legen. Das Ganze im Ofen ca. 25 Minuten dünsten.

4 Den Fisch aus dem Ofen nehmen, die Beutel vorsichtig öffnen und die Forellen mit dem Sud und dem Kohlrabigemüse auf vorgewärmten Tellern anrichten.

REZEPTVARIATIONEN

Statt der Forellen können auf die gleiche Weise kleinere Süßwasserfische im Ganzen bzw. Fischfilets (z. B. Zander, Regenbogenforelle, Flußbarsch, Schleie, Barbe, Lachs oder Hecht) oder kleine Salzwasserfische im Ganzen bzw. meist Fischfilets oder -tranchen (z. B. Makrele, Heilbutt, Steinbeißer, Meerbarbe, Thunfisch, Dorsch, Wittling, Rotbarsch oder Seelachs) zubereitet werden. Je nach Fisch und Menge kann die Garzeit variieren.

Statt Kohlrabi können auch andere Gemüse, wie z. B. 4 bis 6 Möhren oder Petersilienwurzeln, 2 kleine Stangen Lauch, 1 Bund Frühlingszwiebeln, genommen werden. Alles entsprechend vorbereiten, in Ringe oder Würfel schneiden und zusammen mit dem Fisch in die Bratbeutel geben.

Anstelle von Fischbrühe bzw. -fond kann die gleiche Menge Gemüsebrühe (→ Rezept S. 128) verwendet werden.

REZEPTERWEITERUNGEN

Passende Würzzutaten: gemahlener weißer Pfeffer, Zitronensaft, Petersilie, Thymian, Basilikum, Kerbel, Dillspitzen, Estragon, Ingwerpulver. Den Fisch mit den ausgewählten Geschmackszutaten einreiben, ganze Fische auch innen.

BEILAGENTIPS

Zum Fisch passen Salz- oder Pellkartoffeln oder Reis.

PRAKTISCHE TIPS

Im Bratbeutel oder -schlauch garen die Zutaten ohne Fett- und fast ohne Flüssigkeitszugabe im eigenen Saft. Der Eigengeschmack bleibt bestens erhalten. Deshalb braucht mit Würzzutaten nur sparsam umgegangen werden.

Bratfolie darf nie die heißen Ofenwände berühren, sie würde schmelzen. Zu bedenken ist, daß sich die Beutel im heißen Ofen stark aufblähen.

- Zubereitungszeit: ca. 25 Min.
- Für 4 Portionen

BASISZUTATEN

4 Lachskoteletts à ca. 200 g (Süßwasserfisch)
Salz
1/4 l Fischfond (→ Rezept „Fischbrühe", Praktische Tips, S. 131)

BASISREZEPT

Gedämpfte Fischtranchen

1 Die Koteletts waschen, trokkentupfen, mit Salz einreiben und nebeneinander auf einen Dämpfeinsatz legen.

2 Den Fischfond in einem Topf, in den der Dämpfeinsatz hineinpaßt, aufkochen. Den Einsatz hineinstellen, den Topf schließen und die Lachskoteletts 10 bis 15 Minuten dämpfen, zwischendurch einmal wenden.

REZEPTVARIATIONEN

Statt Lachs können Fischtranchen bzw. -filets von anderen Süßwasserfischen (z. B. Zander, Flußbarsch, Hecht, Regenbogenforelle, Karpfen oder Wels) oder von Salzwasserfischen (z. B. Kabeljau, Rotbarsch, Thunfisch, Heilbutt, Steinbeißer, Scholle oder Seezunge) zubereitet werden. Je nach Fisch und verwendeter Menge kann die Garzeit etwas variieren (→ Praktische Tips).

Statt des Fonds kann die gleiche Menge Wasser verwendet werden.

REZEPTERWEITERUNGEN

Passende Kräuter und Gewürze: Zitronensaft, gemahlener weißer Pfeffer, frisch gepreßter Knoblauch, Estragon, Dillspitzen, Petersilie, Kerbel. Den Fisch mit den ausgewählten Geschmackszutaten einreiben (→ Schritt 1).

Sauce mit Butter
Den Fond bei starker Hitze auf etwa die Hälfte einkochen lassen, vom Herd nehmen und etwa 40 g eiskalte Butterflöckchen nach und nach mit einem Schneebesen darunterschlagen. Die Sauce nicht mehr aufkochen, da sie sonst ihre Bindung verliert.

Sahnige Sauce
Der einreduzierte Fischfond (→ „Sauce mit Butter") kann auch mit 100 g Crème fraîche oder etwa 75 g süßer Sahne verrührt und nochmals etwas einreduziert werden.

PRAKTISCHE TIPS

Beim Dämpfen bleiben ganze Fische und Fischfilets besonders saftig und aromatisch. Wichtig ist, daß die Garzeit nicht überschritten wird, sonst ist der Fisch am Ende trocken. Dies gilt im übrigen für alle Methoden der Fischzubereitung. Fisch verträgt nur mäßige Hitze; und auch die nicht zu lange.

Besonders gut gelingt gedämpfter Fisch in einem speziellen Dämpfgerät. Diese Geräte sind nicht billig. Eine Anschaffung lohnt sich jedoch, wenn man bedenkt, daß sich die Mehrzahl der Nahrungsmittel darin ohne großen Aufwand und sehr nährstoffschonend zubereiten läßt.

Auch in einem Wok mit Dämpfkorb kann der Fisch entsprechend zubereitet werden.

BEILAGENTIPS

Zu gedämpftem Fisch passen Salz- oder Pellkartoffeln, Reis oder selbstgemachte Nudeln (→ Rezepte S. 74).

BASISREZEPT

Fischragout

- Zubereitungszeit: ca. 50 Min.
- Für 4 Portionen

BASISZUTATEN

500 g Kartoffeln

1/2 l Fischfond (→ Rezept „Fischbrühe", Praktische Tips, S. 131)

500 g Kabeljaufilets (Salzwasserfisch)

Salz

1½–2 EL Kartoffelstärke

1 Die Kartoffeln schälen, waschen, mundgerecht würfeln, und zusammen mit dem Fond in einen Topf geben. Diesen schließen, alles aufkochen und in ca. 20 Minuten garen.

2 Den Fisch kalt abwaschen, trockentupfen, mundgerecht würfeln und rundherum mit Salz bestreuen. Die Stärke mit wenig Wasser glattrühren und zu den Kartoffeln gießen. Alles aufkochen, bis die Flüssigkeit bindet.

3 Die Kabeljaustücke in den Topf geben, alles noch ca. 5 Minuten bei milder Hitze garen und eventuell mit Salz abschmecken.

Fischragout mit Möhren, Lauch und Dill

REZEPTVARIATIONEN

Der Kabeljau kann durch anderen Seefisch, wie z. B. Thunfisch, Rotbarsch, Schellfisch oder Seelachs, ersetzt werden. Süßwasserfische, wie z. B. Forelle, Lachs, Wels oder Zander, eignen sich ebenso. Je nach verwendeter Fischsorte kann die Garzeit etwas variieren.

Statt der Kartoffeln kann Gemüse nach Wahl (wie z. B. Zucchini, Möhren, Zuckerschoten, Brokkoli, Paprikaschoten, Fenchel, Spargel) verwendet werden. Die Garzeit kann je nach Sorte etwas variieren.

Die Kartoffelmenge auf etwa 300 g reduzieren. 2 Möhren oder 1 Stange Lauch putzen, waschen, in Scheiben bzw. Ringe schneiden und zusammen mit den Kartoffeln garen.

REZEPTERWEITERUNGEN

Passende Kräuter und Gewürze: gemahlener weißer Pfeffer, edelsüßes Paprikapulver, Currypulver (→ Rezept S. 134), Zitronensaft, gehackte Petersilie, Schnittlauchröllchen, gehackter Dill oder Estragon.

Cremiges Fischragout
Das Ragout am Schluß mit 3 EL Crème fraîche, süßer Sahne oder mildem Ziegenfrischkäse verfeinern.

Legiertes Fischragout
2 frische Eigelbe zusammen mit etwas Fischfond glattrühren und alles unter das Ragout rühren. Das Ganze nicht mehr kochen.

Fischragout mit Pilzen
Etwa 150 g frische Champignons, Austern- oder Shiitakepilze putzen, waschen, in Scheiben oder Streifen schneiden und zusammen mit dem Fisch zum gekochten Gemüse geben (→ Schritt 3).

BEILAGENTIPS

Zu einem Fischragout passen Salz- oder Pellkartoffeln, gekochter Reis oder Nudeln (→ Rezept S. 74).

BASISREZEPT

Meeresfrüchte-Gemüse-Pfanne

- Zubereitungszeit: ca. 25 Min.
- Für 4 Portionen

BASISZUTATEN

ca. 320 g gegarte geschälte Tiefseegarnelen (TK-Ware)
500 g Zucchini
4 EL Öl nach Wahl
Salz

1 Die Garnelen in ein Sieb geben, auftauen lassen, kalt abbrausen und trockenschütteln.

2 Die Zucchini putzen, waschen, trockenreiben und längs in etwa 1/2 cm dicke Scheiben schneiden. Diese quer in etwa 1 cm breite Streifen schneiden.

3 Das Öl in einer Pfanne erhitzen, die Zucchini darin unter Rühren ca. 5 Minuten braten. Die Garnelen dazugeben, alles salzen und noch ca. 3 Minuten garen.

Basisrezept

REZEPTVARIATIONEN

Anstelle der Garnelen kann die gleiche Menge Cocktailshrimps oder Nordseekrabben (beides als TK-Ware) verwendet werden.

Die Garnelen können gegen etwa gleiche Mengen Muschelfleisch (z. B. Miesmuscheln, Jakobsmuscheln oder Venusmuscheln), Tintenfischringe oder gemischte Meeresfrüchte ausgetauscht werden. In allen Fällen TK-Ware bevorzugen.

Ein Teil der Garnelen kann durch Muschelfleisch oder Tintenfischringe (beides als TK-Ware) ersetzt werden.

Statt der Zucchini kann die gleiche Menge Möhren, gelbe und rote Paprikaschoten, Lauch oder Zuckerschoten verwendet werden. Das Gemüse je nach Sorte putzen, waschen und in Streifen bzw. Ringe schneiden. Die Zuckerschoten lediglich quer halbieren. Möhren, Lauch und Paprikaschoten müssen vorab etwas länger (ca. 10 Minuten) gebraten werden.

Das Öl kann durch gleiche Menge Butter oder milchfreie Margarine ersetzt werden.

REZEPTERWEITERUNGEN

Passende Kräuter und Gewürze: gemahlener weißer Pfeffer, Safran, frischer Knoblauch in Scheiben, frisch gehackte Blattpetersilie, frische Kerbelblättchen, Dillspitzen, entkernte, fein gehackte Chilischoten, Zitronensaft.

Würzige Variante
2 bis 3 Frühlingszwiebeln putzen, waschen, in feine Ringe schneiden und mit den Garnelen zum Gemüse geben.

Sahnige Variante
Etwa 4 EL süße Sahne oder 2 EL Crème fraîche mit den Garnelen zum Gemüse geben und gut verrühren.

PRAKTISCHER TIP

Das Gericht läßt sich auch gut in einem Wok zubereiten.

BASISREZEPT

Gemüse-Getreide-Pfanne

- Zubereitungszeit: ca. 50 Min.
- Für 4 Portionen

BASISZUTATEN

500 g Möhren

1 mittelgroße Stange Lauch

4 EL Öl nach Wahl

300 g Langkornreis

etwa 3/4 l Gemüsebrühe (→ Rezept S. 128)

Salz

1 Die Möhren schälen, waschen und schräg in Scheiben schneiden. Den Lauch putzen, gründlich waschen. Die weißen Teile kleinwürfeln, das Grün in Streifen bzw. Ringe schneiden.

2 Das Öl in einer großen Pfanne mit Deckel erhitzen, die Möhren und den weißen Lauch darin anschwitzen.

3 Den Reis hineinrühren, dann die Brühe angießen. Die Hitze reduzieren, die Pfanne schließen und dann den Reis in ca. 18 Minuten knapp bißfest garen.

4 Den grünen Lauch unter die Gemüse-Reis-Mischung geben, alles noch einige Minuten garen und mit etwas Salz abschmecken.

REZEPTVARIATIONEN

Der Reis kann gegen die gleiche Menge Hirse, Amarath oder Quinoa (Inkagetreide) ausgetauscht werden.

Etwa die Hälfte der Möhren durch rote, grüne und gelbe Paprikaschoten, feste Zucchini, Fenchel, Sojasprossen, Zuckerschoten oder Stangenbohnen ersetzen. Die Gemüse entsprechend putzen, waschen und in Streifen bzw. Scheiben schneiden. Die Bohnen einfach zwei- bis dreimal durchbrechen. Die Zucchini und die Paprika nicht mit anschwitzen. Sie werden erst mit dem Reis in die Pfanne gegeben (→ Schritt 2).
Auch die gesamte Möhrenmenge kann durch eines der angegebenen Gemüse ersetzt werden.

Ein Teil der Möhren kann durch Bambussprossen (aus der Dose) oder frische Pilze, wie z. B. Champignons, Pfifferlinge, Shiitake- oder Austernpilze ersetzt werden. Die Sprossen kleinschneiden. Die Pilze putzen, waschen und in Stücke bzw. in nicht zu schmale Streifen schneiden.

REZEPTERWEITERUNGEN

Passende Kräuter und Gewürze: gemahlener weißer Pfeffer, edelsüßes Paprikapulver, Currypulver (→ Rezept S. 134), Majoran, Thymian, Kurkumapulver, Blattpetersilie oder Schnittlauchröllchen.

Gemüse-Fleisch-Pfanne
Etwa 400 g Hähnchenbrustfiletstreifen oder etwa 250 g Hackfleisch vom Rind, Kalb, Schwein oder Lamm im Öl anbraten. Dann das Fleisch wie-

der herausnehmen, das Gemüse anbraten und den Reis dazugeben (→ Schritt 2). Das Ganze garen und zum Schluß das Fleisch daruntermischen und erwärmen.

Gemüse-Garnelen-Pfanne
Etwa 320 g TK-Tiefseegarnelen zusammen mit dem Lauch zur Gemüse-Reis-Mischung geben (→ Schritt 3) und das Gericht fertigstellen.

PRAKTISCHE TIPS

Das Gericht bekommt eine besondere Geschmacksnote, wenn Basmati Reis (Duftreis) verwendet wird.

Wird statt poliertem Reis Naturreis genommen, bekommt die Gemüsepfanne ein leicht nußartiges Aroma. Naturreis enthält viele Vitamine, Mineralien und Ballaststoffe. Seine Garzeit ist meist etwas länger.

Oben Gemüse-Getreide-Pfanne mit Paprikaschoten und Quinoa, links Basisrezept, unten Gemüse-Garnelen-Pfanne

BASISREZEPT

Ratatouille

- Zubereitungszeit: ca. 1 1/4 Std.
- Für 4 Portionen

BASISZUTATEN

500 g reife Tomaten
1 große Aubergine
250 g Zucchini
je 1 rote, gelbe und grüne Paprikaschote
4 EL Olivenöl
etwas Salz

1 Die Tomaten überbrühen, enthäuten, von den Stielansätzen befreien und grob würfeln. Das übrige Gemüse waschen, putzen und kleinschneiden.

2 Auberginen-, Zucchini- und Paprikastücke im heißen Olivenöl in einem Topf unter Rühren anbraten.

3 Die Tomaten dazugeben, das Gemüse salzen und zugedeckt bei milder Hitze 1/2 bis 3/4 Stunden schmoren. Eventuell etwas Wasser angießen, damit das Gemüse nicht zu trocken wird.

Oben Ratatouille, unten Gemüseauflauf, beides Basisrezepte

REZEPTVARIATIONEN

Das Gemüse kann durch gleiche Mengen anderer Sorten (z. B. Möhren, Fenchel, Brokkoliröschen, grüne Bohnen, Zuckerschoten, Blumenkohl, Schwarzwurzeln, Pastinaken oder Wirsing) ausgetauscht werden. Finden keine Tomaten Verwendung, muß zu Beginn des Schmorens und später Wasser oder Gemüsebrühe (→ Rezept S. 128) zum Gemüse gegeben werden.

REZEPTERWEITERUNGEN

Passende Kräuter und Gewürze: gemahlener weißer Pfeffer, edelsüßes Paprikapulver, Cayennepfeffer, Thymian, Majoran, Rosmarin, Salbei oder frisch gehackter Knoblauch.

Würziges Ratatouille
2 rote Zwiebeln oder 1 Gemüsezwiebel schälen, würfeln und vorab im Öl anbraten.

PRAKTISCHE TIPS

Möglichst Fleisch-, Eier- oder Flaschentomaten verwenden. Die sind meist besonders aromatisch.

Das Gemüse nur bei mäßiger Hitze anbraten (→ Schritt 1), da es sonst viel Wasser zieht, welches sogleich verdampft. Später ist das Ratatouille dann zu trocken.

BEILAGENTIPS

Zu einem Ratatouille passen Polenta (→ Rezept S. 78), Puffer (→ Rezept S. 68), gekochter Reis oder Folienkartoffeln.

BASISREZEPT

Gemüseauflauf

- Zubereitungszeit: ca. 1 1/4 Std.
- Für 4 Portionen

BASISZUTATEN

1 kg Zucchini
4 Eier
400 ml Kuhmilch
etwas Salz

1 Den Backofen auf 200°C vorheizen. Die Zucchini waschen, putzen, 1 bis 2 cm groß würfeln, in eine ausreichend große Auflaufform geben.

2 Die Eier zusammen mit der Milch verquirlen, mit Salz würzen und alles über die Zucchini gießen. Dann den Auflauf ca. 3/4 Stunden backen, bis die Eiermilch gestockt ist.

REZEPTVARIATIONEN

Die Zucchini lassen sich durch viele andere Gemüsesorten, wie z. B. Möhren, weiße Rüben, Blumenkohl, Brokkoli, Fenchel, Lauch, Wirsing, Auberginen, Okraschoten, Schwarzwurzeln, Rosenkohl, Paprikaschoten oder Kohlrabi, austauschen. Auch können 2 bis 3 verschiedene Gemüsesorten kombiniert werden. Alles entsprechend waschen, putzen und kleinschneiden. Feste Gemüse sollten in Salzwasser vorgegart werden.

Statt der Kuhmilch die gleiche Menge Molke oder Sojamilch verwenden. Oder die Milch durch Gemüsebrühe (→ Rezept S. 128) ersetzen, dann aber nur 200 ml Brühe und 6 Eier verwenden.

Gemüseauflauf ohne Ei
Das Gemüse in Salzwasser vorgaren, in die Form geben und mit etwa 150 g Käse (z.B. geriebener Emmentaler oder Ziegenmilchschnittkäse oder zerbröckelter Schafskäse) bestreuen und 20 bis 25 Minuten überbacken.

REZEPTERWEITERUNGEN

Passende Kräuter und Gewürze: gemahlener weißer Pfeffer, Cayennepfeffer, edelsüßes Paprikapulver, Ingwerpulver, frisch gehackter Knoblauch, Kreuzkümmel, gehackte Petersilie, Schnittlauchröllchen, Thymian, Majoran, Rosmarin oder Salbei.

Gemüseauflauf mit Käse
Zusätzlich etwa 100 g geriebenen oder kleingewürfelten Käse (aus Kuh-, Schafs- oder Ziegenmilch) ca. 1/4 Stunde vor Ende der Garzeit auf das Gemüse streuen.

Fleisch-Gemüse-Auflauf
Etwa 300 g kleingeschnittenes, in Öl nach Wahl oder Butterschmalz angebratenes Fleisch nach Wahl (z. B. Rind, Kalb, Schwein, Lamm, Pute, Huhn, Kaninchen, Reh oder Hirsch) mit dem Gemüse mischen und in die Form geben. Die Gemüsemenge auf etwa 750 g reduzieren.

Meeresfrüchte-Gemüse-Auflauf
Etwa 200 g geschälte, gegarte Garnelen oder die gleiche Menge ausgelöstes Miesmuschelfleisch (beides TK-Ware) mit dem Gemüse in die Form geben.

BEILAGENTIPS

Zum Gemüseauflauf passen frische Blattsalate nach Wahl (→ Rezepte für Salatsaucen, S. 88/89).

BASISREZEPT

Gefülltes Gemüse

- Zubereitungszeit: ca. 1 1/4 Std.
- Für 4 Portionen

BASISZUTATEN

4 große, gleichmäßig gewachsene Paprikaschoten

4 EL Öl nach Wahl

750 g Rinderhackfleisch

etwas Salz

3–4 TL getrockneter Thymian

300 ml Gemüsebrühe

(→ Rezept S. 128)

1 Bei den Paprikaschoten am Stielende einen Deckel abschneiden. Dann die Kernchen und die Trennhäutchen herausschneiden. Die Schoten waschen und trockenreiben.

2 Etwa 2 EL Öl in einer Pfanne erhitzen, das Hackfleisch darin anbraten. Alles mit Salz und Thymian würzen. Die Mischung in die Paprikaschoten füllen und die Schoten wieder zusammensetzen.

3 Das restliche Öl in einem breiten Schmortopf erhitzen, die Schoten hineinsetzen und kurz anbraten. Die Brühe angießen und den Topf schließen. Das Ganze bei milder Hitze 1/2 bis 3/4 Stunde schmoren.

REZEPTVARIATIONEN

Statt Rindfleisch kann man die gleiche Menge Hackfleisch vom Schwein, Kalb oder Lamm nehmen. Auch Fleischmischungen sind möglich.

Gefülltes Gemüse mit Reis
Ein Drittel der Hackfleischmasse kann durch etwa 250 g gekochten Reis ersetzt werden. Diesen unter das gebratene Hackfleisch mischen.

Anstelle der Paprikaschoten können auch 2 große Zucchini, 2 mittelgroße Auberginen, 4 große Gemüsezwiebeln oder Kohlrabi oder 4 große Fleischtomaten gefüllt werden. Zucchini und Auberginen halbieren, das Fruchtfleisch mit einem Teelöffel herausschaben und alle Hälften füllen. Bei Zwiebeln, Kohlrabi und Tomaten ähnlich wie bei den Paprikaschoten einen Deckel (etwa oberes Viertel der Frucht) abschneiden. Das Gemüse mit Hilfe eines Messers, eines Kugelausstechers bzw. eines Teelöffels aushöhlen, füllen und wieder zusammensetzen. In allen Fällen kann das herausgelöste Fruchtfleisch kleingeschnitten unter die jeweils ausgewählte Füllung gemengt werden. Bei festen Gemüsen kann sich die Garzeit bis auf 1 Stunde verlängern. Bei weichen Gemüsesorten kann sie auch verkürzt sein. Garprobe machen.

REZEPTERWEITERUNGEN

Weitere passende Kräuter und Gewürze: gemahlener, weißer Pfeffer, edelsüßes Paprikapulver, Cayennepfeffer, Oregano, Majoran, Thymian, Basilikum. Mit den ausgewählten Geschmackszutaten das Hackfleisch abschmecken.

Gefülltes Gemüse mit Tomaten
Etwa 200 g vollreife Tomaten überbrühen, enthäuten, von den Stielansätzen befreien, würfeln und mit 650 g angebratenem Hackfleisch mischen. Das Gemüse wie angegeben füllen und fertig garen.

Gefülltes Gemüse mit Käse
Etwa 200 g milden Schafskäse oder mittelalten Gouda würfeln und unter 600 g angebratenes Hackfleisch mischen. Die Mischung gleich in das Gemüse füllen.

Tomatensauce
Etwa 400 g vollreife Tomaten überbrühen, enthäuten, von den Stielansätzen befreien, grob würfeln, zum Gemüse in die Brühe geben und mitschmoren. Später alles durch ein feinmaschiges Metallsieb passieren und die Tomatensauce zum gefüllten Gemüse servieren.

BEILAGENTIPS
Zu gefülltem Gemüse passen Salzkartoffeln oder gekochter Reis.

REZEPTIDEEN

Getreide-Käse-Füllung

Statt Hackfleisch kann eine Reis- oder Hirse-Käse-Füllung zubereitet werden. Dafür 250 g Reis oder Hirse in Salzwasser bißfest kochen, abgießen, mit reichlich Schnittlauchröllchen mischen. Etwa 250 g mittelalten Gouda oder milden Schafskäse fein würfeln und unter den Reis bzw. die Hirse geben. Das Gemüse damit füllen und wie angegeben garen.

Getreidefüllung

Etwa 200 g nicht zu feines Grünkernschrot oder Graupen (geschälte Gerstenkörner) in etwa 400 ml Gemüsebrühe (→ Rezept S. 128) ausquellen lassen. 1 Bund Frühlingszwiebeln oder eine mittelgroße Stange Lauch putzen, waschen, in feine Ringe schneiden und unter den Grünkern bzw. die Graupen mischen. Die Masse würzen, in das Gemüse füllen und alles garen.

Linsengemüsefüllung

Das Gemüse läßt sich auch gut mit Linsengemüse (→ Rezept S. 81) füllen.

Links Basisrezept, rechts Zucchini mit Hackfleischfüllung, unten Auberginen mit Linsengemüsefüllung

BASISREZEPT

Pilzpfanne

- Zubereitungszeit: ca. 1/2 Std.
- Für 4 Portionen

BASISZUTATEN

2 Bund Frühlingszwiebeln
600 g frische Austernpilze
2 EL Butter
etwas Salz
1/8 l Gemüsebrühe oder -fond (→ Rezept S. 128)

1 Die Frühlingszwiebeln putzen, waschen und in schmale Ringe schneiden. Die Austernpilze abreiben, putzen und in breite Streifen schneiden.

2 Die Butter in einer großen Pfanne zerlassen und die Zwiebeln darin kurz anbraten. Die Pilze dazugeben und mit anbraten, dann alles salzen und mit der Brühe ablöschen.

3 Die Austernpilze unter Rühren ca. 5 Minuten garen und servieren.

REZEPTVARIATIONEN

Anstelle der Austernpilze kann die gleiche Menge frische Champignons, Pfifferlinge, Steinpilze, Maronen, Stockschwämmchen, Butterpilze, Hallimasch, junge Parasolpilze oder Shiitakepilze verwendet werden. Es ist auch möglich, mehrere Pilzsorten zu mischen.

Die Butter kann durch die gleiche Menge milchfreie Margarine ersetzt werden.

Statt der Frühlingszwiebeln 1 kleine Stange Lauch oder 1 Zwiebel verwenden. Den Lauch putzen, waschen und in feine Ringe schneiden. Die Zwiebel schälen und fein würfeln. Beides wird vorab kurz im Fett angebraten.

REZEPTERWEITERUNGEN

Passende Kräuter und Gewürze: gemahlener weißer Pfeffer, frisch gehackte Blattpetersilie, Schnittlauchröllchen, Thymian, frisch gepreßter Knoblauch, Ingwerpulver.

Herzhafte Pilzpfanne
Etwa 150 g durchwachsenen mageren Schweinebauch fein würfeln und im Fett anbraten. Dann die Pilze hinzufügen und garen.

Sahnige Pilzpfanne
Zum Schluß etwa 4 EL süße Sahne oder etwa 2 EL Crème fraîche unter die Pilzmischung rühren.

Pilz-Möhren-Pfanne
1 mittelgroße Möhre putzen, waschen, fein raspeln und mit den Zwiebelringen anbraten.

BEILAGENTIPS

Zur Pilzpfanne passen Salzkartoffeln, gekochter Reis, Gnocchi oder Nudeln (→ Rezepte S. 72 und 74).

PRAKTISCHER TIP

Das Gericht läßt sich auch gut im Wok zubereiten.

VERWENDUNGSTIPS

Eine Pilzpfanne bietet sich auch als Beilage zu kurzgebratenem Fleisch und Geflügel an. Besonders gut schmeckt sie zu Wild. Die Mengen reichen dann für etwa 6 Portionen.

Pilzpfanne mit Thymian

- Zubereitungszeit: ca. 35 Min.
- Für 4 Portionen

BASISZUTATEN

750 g Möhren

800 ml Gemüsebrühe

(→ Rezept S. 128)

1 Prise Zucker

etwas Salz

BASISREZEPT

Gemüse-cremesuppe

1 Die Möhren putzen, waschen und grob zerteilen, mit der Brühe, dem Zucker und dem Salz in einem Topf aufkochen und zugedeckt bei mittlerer Hitze in ca. 1/4 Stunde weich kochen.

2 Die Möhrensuppe direkt im Topf mit dem Pürierstab oder im Mixaufsatz einer Küchenmaschine fein pürieren. Die Cremesuppe nochmals aufkochen und mit etwas Salz abschmecken.

REZEPTVARIATIONEN

Anstelle der Möhren können gleiche Mengen anderer Gemüsesorten, wie z. B. Lauch, Kartoffeln, Broccoli, Rosen- oder Blumenkohl, Kürbis, Kohlrabi, Pastinaken, Petersilienwurzeln, Bohnen, Erbsen, Fenchel, Rote Bete, Spargel, Wirsing, Champignons oder Zucchini, verwendet werden. Abhängig von der Gemüsesorte kann die Menge der benötigten Brühe etwas variieren. Die fertige Suppe je nach Konsistenz etwas einkochen lassen oder mit Gemüsebrühe verdünnen.

Statt Gemüsebrühe kann auch Fleisch- oder Geflügelbrühe (→ Rezepte S. 130 und 129) genommen werden.

REZEPTERWEITERUNGEN

Passende Würzzutaten: gemahlener weißer Pfeffer, frisch geriebener Ingwer, Tannen- oder Waldhonig, Korianderpulver, frisch geriebene Muskatnuß, frisch gehackte Petersilie oder Schnittlauchröllchen.

Feine Gemüsecremesuppe
Die fertige Suppe mit etwas süßer Sahne, Crème fraîche oder Butter abrunden.

Würzige Gemüsecremesuppe
Anfangs 1 kleine Zwiebel schälen, kleinwürfeln und in etwas Butter oder milchfreier Margarine anschwitzen. Dann auch das Gemüse kurz mitschwitzen. Das Ganze mit Brühe ablöschen, garen und pürieren.

PRAKTISCHER TIP

Bei sehr würzigen Gemüsesorten (z. B. Lauch, Fenchel, Petersilienwurzeln) besser nur die Hälfte der angegebenen Gemüsemenge und zusätzlich etwa 200 g Kartoffeln verwenden. Die Kartoffeln schälen, in kleine Stücke schneiden und mit dem Gemüse in der Brühe garen. Anschließend alles pürieren.

BASISREZEPT

Klare Gemüsesuppe

- Zubereitungszeit: ca. 20 Min.
- Für 4 Portionen

BASISZUTATEN

200 g Möhren
1 kleiner Zucchino
1 l Gemüsebrühe
(→ Rezept S. 128)
etwas Salz

1 Das Gemüse waschen, putzen, erst in dünne Scheiben und diese dann in feinste Streifen (Julienne) schneiden.

2 Die Brühe aufkochen und salzen. Das Gemüse darin ca. 5 Minuten garen.

REZEPTVARIATIONEN

Anstelle der oben angegebenen Gemüse können auch andere Sorten, wie z. B. Lauch, Pastinaken, Petersilienwurzeln, Frühlingszwiebeln, Paprikaschoten, Kohlrabi, Fenchel, Bambussprossen (aus der Dose), frische Sojasprossen, frische Champignons, junge Erbsen oder Prinzeßbohnen verwendet werden. Die Gesamtmenge sollte etwa 300 g betragen.

Etwa 250 g kleine Brokkoli- oder Blumenkohlröschen bzw. geviertelte Rosenkohlröschen in der Brühe garen.

REZEPTERWEITERUNGEN

Passende Kräuter und Gewürze: gemahlener weißer Pfeffer, Korianderpulver, Currypulver (→ Rezept S. 134), frisch gehackte Petersilie oder Schnittlauchröllchen.

Suppe mit Stärkeeinlage
Etwa 75 g gekochten Reis oder Nudeln (→ Rezepte S. 74) oder 2 in feine Streifen geschnittene Pfannkuchen (→ Rezept S. 70) in die fertige Suppe geben. Alles nochmals erhitzen.

Suppe mit Fleischeinlage
Etwa 125 g gekochtes, gebratenes oder gegrilltes Fleisch nach Wahl (z. B. Rind, Kalb, Lamm, Schwein, Reh, Kaninchen oder Geflügel) in kleine Würfel oder feine Streifen schneiden und in der fertigen Suppe erhitzen. Gut eignen sich Reste von Schmorbraten.

REZEPTIDEE

Chinesische Gemüsesuppe

Etwa 250 g Gemüse nach Wahl (→ Basisrezept und Rezeptvariationen) sowie 50 g frische Champignons, Austern- oder Shiitakepilze kleinschneiden und in etwa 1 l Gemüsebrühe (→ Rezept S. 128) garen. Inzwischen etwa 15 g Glas- oder Reisnudeln einige Minuten in warmem Wasser quellen lassen, abgießen und in die fertige Suppe geben. Diese mit Salz, gemahlenem weißem Pfeffer, Ingwerpulver, etwas fein gehackter frischer Chili und/oder Currypulver (Rezept S. 134) abschmecken.
Tip: Etwa 100 g gebratenes oder gekochtes Hähnchen- oder Putenfleisch in feine Streifen schneiden und in der fertigen Suppe erhitzen.

PRAKTISCHE TIPS

Gemüsesuppe läßt sich gut einfrieren.

Die Suppe eignet sich auch als Vorspeise. In diesem Fall reicht die angegebene Menge für etwa 6 Portionen.

Zubereitungszeit: 1–1 1/4 Std.
Einweichzeit: über Nacht
Für 4 Portionen

BASISZUTATEN

300 g getrocknete Kichererbsen
2 Zwiebeln
3 kleine Kohlrabi
2 EL Öl nach Wahl
1 l Gemüsebrühe (→ Rezept S. 128)
etwas Salz

BASISREZEPT

Hülsenfrucht-eintopf

1 Die Erbsen über Nacht in 1 l Wasser einweichen.

2 Am nächsten Tag die Zwiebeln und die Kohlrabi schälen, würfeln und im Öl in einem großen Topf kurz anbraten. Alles mit der Brühe ablöschen.

3 Die Kichererbsen abgießen, abtropfen lassen, zum Gemüse geben, den Topf schließen und alles bei milder Hitze weich kochen. Das dauert je nach Sorte und Lagerdauer der Erbsen 3/4 bis 1 Stunde. Den Eintopf mit Salz abschmecken.

REZEPTVARIATIONEN

Statt der Kichererbsen kann die gleiche Menge getrocknete weiße Bohnen, grüne oder gelbe Erbsen, braune Linsen oder Kidneybohnen verwendet werden. Die Garzeiten der einzelnen getrockneten Hülsenfrüchte kann sich bis auf 2 Stunden verlängern. Öfter mal probieren. Linsen sind meist bereits nach ca. 40 Minuten gar und müssen nicht eingeweicht werden. Bei Bedarf noch etwas Flüssigkeit nachgießen.

Anstelle der Kohlrabi können 6 mittelgroße Möhren oder 1/2 kleiner Kopf Wirsing- bzw. Spitzkohl genommen werden. Das Gemüse putzen und waschen. Die Möhren in Würfel und den Kohl in Streifen schneiden. Die jeweils ausgewählte Gemüsesorte mit den Zwiebeln anbraten.

Hülsenfruchteintopf mit Lauch
Die Zwiebeln können gegen 1 mittelgroße Stange Lauch ausgetauscht werden. Diese putzen, waschen, in Ringe schneiden und anbraten.

Die Gemüsebrühe kann durch die gleiche Menge Fleischbrühe (→ Rezept S. 130) ersetzt werden.

REZEPTERWEITERUNGEN

Passende Kräuter und Gewürze: gemahlener weißer Pfeffer, frisch geriebene Muskatnuß, Currypulver (→ Rezept S. 134), frisch gehackte Blattpetersilie, Bohnenkraut.

Eintopf mit Stangensellerie
Etwa 2 Stangen Stangensellerie putzen, kleinwürfeln und dann mit dem Gemüse anbraten (→ Schritt 2).

Eintopf mit Tomaten
Etwa 250 g Tomaten überbrühen, enthäuten, von den Stielansätzen befreien, kleinschneiden und ca. 1/2 Stunde vor Ende der Garzeit zum Eintopf geben.

Hülsenfrucht-Fleisch-Topf
Für eine Fleischeinlage etwa 250 g Hackfleisch oder Gulasch vom Schwein, Rind, Kalb oder Lamm im Öl scharf anbraten (→ Schritt 2). Dann das Gemüse dazugeben und mitbraten. Den Eintopf wie angegeben fertigstellen.

Hülsenfrucht-Geflügel-Topf
Etwa 300 g Puten- oder Hähnchenbrustfilets kleinwürfeln, ca. 5 Minuten vor Ende der Garzeit zum Eintopf geben und darin garziehen lassen.

- Zubereitungszeit: ca. 3/4 Std.
- Für 4 Portionen

BASISZUTATEN

1,5 kg Kartoffeln

etwas Salz

reichlich Öl nach Wahl zum Braten

Puffer mit Möhren

Basisrezept

BASISREZEPT

Puffer

1 Die Kartoffeln schälen, waschen und mit der Hand oder in einer Küchenmaschine fein reiben. Die Kartoffelmasse gut ausdrücken, dann in einer Schüssel mit Salz verrühren.

2 Jeweils etwa 2 EL Öl in einer Pfanne erhitzen. Für jeden Puffer 2 bis 3 EL Kartoffelteig hineingeben, flachdrücken und von beiden Seiten goldbraun ausbacken.

3 Die Puffer aus der Pfanne nehmen, auf einem Stück Küchenpapier kurz abtropfen lassen und warm stellen. Auf diese Weise nach und nach den gesamten Teig vearbeiten.

REZEPTVARIATION

Das Öl kann gegen Butterschmalz ausgetauscht werden.

REZEPTERWEITERUNGEN

Passende Gewürze: gemahlener weißer Pfeffer, frisch geriebene Muskatnuß, frischer oder getrockneter Majoran. Den Kartoffelteig damit abschmecken.

Puffer mit Ei

Die Puffer halten besser zusammen und werden knuspriger, wenn 2 große Eier unter den Teig gerührt werden.

Puffer mit Getreideflocken

Etwa 4 EL feine Hafer-, Reis- oder Hirseflocken unter den Kartoffelteig mischen. So wird er kompakter.

Würzige Puffer

1 große Zwiebel, 1/2 Bund Frühlingszwiebeln oder aber 1 kleine Stange Lauch schälen bzw. putzen, fein schneiden und unter den Kartoffelteig mischen.

REZEPTIDEE

Gemüsepuffer

Die Hälfte der Kartoffeln durch fein geriebene Möhren oder durch grob geriebene, gut ausgedrückte Zucchini ersetzen. Am besten kleine, feste Zucchini verwenden.

PRAKTISCHE TIPS

Puffer schmecken frisch aus der Pfanne am besten. Deshalb sollte der gesamte Teig auf einmal in 2 oder 3 Pfannen ausgebacken werden.

Für die Puffer können alle Kartoffelsorten verwendet werden, am besten geeignet sind mehligkochende Sorten.
Wichtig ist, daß die geriebene Kartoffelmasse gut ausgedrückt wird.

BEILAGENTIPS

Zu den Kartoffelpuffern passen kalte oder warme Fruchtsaucen (→ Rezepte S. 86 und 90) sowie selbstgemachte Kompotte (→ Rezepte S. 94 ff.).

Auch eine warme Gemüsesauce (→ Rezepte S. 87) ist empfehlenswert.

VERWENDUNGSTIPS

Kartoffel- oder Gemüsepuffer bieten sich auch als Beilage zu saucenreichen Fleisch- oder Geflügelgerichten an. Die angegebenen Mengen reichen dann für etwa 8 Portionen.

BASISREZEPT

Nußpfannkuchen

- Zubereitungszeit: ca. 1/2 Std.
- Für 4 Portionen

BASISZUTATEN

3 Eier

30 g Zucker

50 g Kartoffelstärke

80 g gemahlene Mandeln

175 ml Wasser

etwas Butter zum Backen

1 Die Zutaten zu einem glatten Teig verquirlen.

2 In einer beschichteten Pfanne in wenig heißem Fett bei mittlerer Hitze nacheinander 4 dünne Pfannkuchen backen und servieren.

REZEPTVARIATIONEN

Anstelle der Mandeln können gemahlene Hasel- oder Walnüsse genommen werden. Die Menge ist jeweils gleich.

Statt in Butter können die Pfannkuchen auch in milchfreier Margarine gebacken werden.

Die Kartoffelstärke kann gegen die gleiche Menge Mais- oder Reisstärke ausgetauscht werden.

Nußpfannkuchen mit Milch
Statt Wasser kann die gleiche Menge Kuhmilch verwendet werden.

PRAKTISCHE TIPS

Die Pfannkuchen werden lockerer, wenn man die Eier getrennt verarbeitet. Die Eigelbe zusammen mit den übrigen Zutaten zu einem Teig verrühren. Die Eiweiße zu steifem Schnee schlagen. Diesen vorsichtig unter den Teig heben.

In Pfannen mit hochwertiger Beschichtung können die Pfannkuchen auch ohne Fettzusatz gebacken werden. Das spart Kalorien.

VERWENDUNGSTIPS

Zusammen mit einem Obstsalat (Auswahl der Fruchtsorten nach Verträglichkeit), mit Eis oder Fruchtkompott (→ Rezepte S. 99, 100, 94 und 96) ergeben die Nußpfannkuchen eine süße Hauptmahlzeit.

Basisrezept

BASISREZEPT

Pfannkuchen

- Zubereitungszeit: ca. 1/2 Std.
- Zeit zum Quellen: ca. 1/2 Std.
- Für 4 Portionen

BASISZUTATEN

4 Eigelb

150 g Weizenmehl Type 405

300 ml Wasser

etwas Butter zum Backen

1 Alle Zutaten zu einem glatten Teig verquirlen. Diesen ca. 1/2 Stunde quellen lassen.

2 Dann in einer beschichteten Pfanne in wenig heißem Fett nacheinander 4 Pfannkuchen backen und servieren.

REZEPTVARIATIONEN

Dinkelpfannkuchen
Statt Weizenmehl kann die gleiche Menge fein gemahlener Dinkel verwendet werden.

Anstatt in Butter können die Pfannkuchen in milchfreier Margarine gebacken werden.

Wird anstelle des Wassers die gleiche Menge Kuhmilch verwendet, werden die Pfannkuchen etwas kompakter.

Lockere Pfannkuchen
Die Pfannkuchen werden luftiger, wenn 4 ganze Eier und nur 1/4 l Wasser verwendet wird. Das Ergebnis wird noch besser, wenn man die Eier trennt, den Teig mit den Eigelben anrührt, die Eiweiße steif schlägt und den Eischnee vorsichtig unter den Teig hebt.

REZEPTERWEITERUNGEN

Süße Pfannkuchen
Die fertigen Pfannkuchen mit Zimt und/oder Zucker bestreuen.
Oder die Pfannkuchen mit Konfitüre (→ Rezepte S. 122/123) bestreichen.

Käsepfannkuchen
Ein Viertel des Teiges in die heiße Pfanne geben. Etwa 2 EL Schnittlauchröllchen und 1 bis 2 EL fein gewürfelten Gouda, Ziegenmilchschnittkäse oder Schafskäse darauf verteilen und den Pfannkuchen fertigbacken.

REZEPTIDEEN

Obstpfannkuchen

1 bis 2 Äpfel oder Birnen, 2 Pfirsiche, 4 bis 5 Aprikosen, 4 frische Feigen verwenden. Das Obst waschen, entkernen bzw. entsteinen und in Spalten schneiden. Je ein Viertel der Obstspalten in die heiße Pfanne legen, Teig darübergeben, einen Pfannkuchen backen und mit etwas Zucker bestreuen.

Beerenpfannkuchen

Etwa 200 g schwarze oder rote Johannisbeeren, Heidelbeeren oder Preiselbeeren verlesen, waschen, eventuell von den Stielen zupfen und gut abtropfen lassen. Je ein Viertel des Teiges in die heiße Pfanne geben, ein Viertel der Beeren darauf verteilen, einen Pfannkuchen backen und mit etwas Zucker bestreuen.

Bananenpfannkuchen

2 kleine Bananen schälen, in Scheiben schneiden und mit etwas Zitronensaft beträufeln. Ein Viertel der Bananenscheiben in die heiße Pfanne legen, Teig darübergeben, einen Pfannkuchen backen und mit etwas Wald- oder Tannenhonig bestreichen.

Ananaspfannkuchen

4 Scheiben Dosenananas gut abtropfen lassen. Je 1 Scheibe in die Pfanne legen, ein Viertel des Teiges darübergeben und einen Pfannkuchen backen. Wenn möglich, können auch frische Ananasscheiben genommen werden.

PRAKTISCHE TIPS

Pfannkuchenteige sollten stets ca. 1/2 Stunde ruhen, damit das Mehl ausquellen kann. Sonst werden die Kuchen pappig.

Wird anstelle von Leitungswasser Mineralwasser verwendet, werden die Pfannkuchen besonders locker.

In Pfannen mit hochwertiger Beschichtung können die Pfannkuchen auch ohne den Zusatz von Fett gebacken werden. Sie sind dann etwas trokkener, haben aber auch weniger Kalorien.

VERWENDUNGSTIPS

Zusammen mit Eis (→ Rezepte S. 99/100) oder Fruchtkompott (→ Rezepte S. 94 und 96) ergeben die Pfannkuchen eine Hauptmahlzeit.

Basisrezept

Obstpfannkuchen

Beerenpfannkuchen

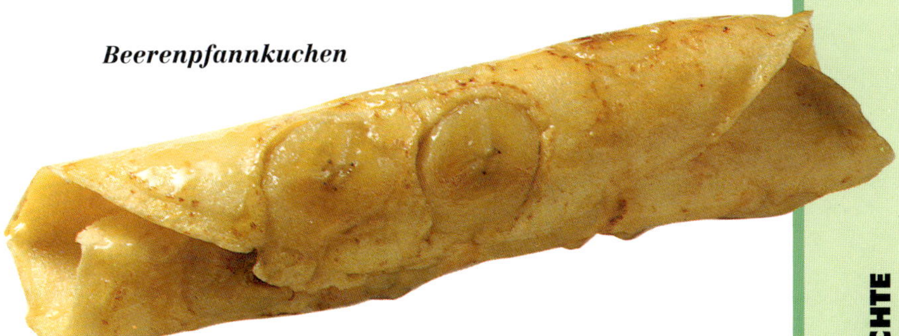

Bananenpfannkuchen

- Zubereitungszeit: ca. 3/4 Std.
- Für 6 Portionen

BASISZUTATEN

1 kg mehligkochende Kartoffeln, als Pellkartoffeln am Vortag gegart
2 Eier
etwas Salz
60 – 80 g Weizenmehl Type 405
100 g Butterschmalz

BASISREZEPT

Schupfnudeln

1 Die Kartoffeln pellen, fein reiben, mit Eiern, Salz und soviel Mehl verkneten, bis eine gut formbare Masse entstanden ist.

2. Aus dem Teig kleinfingerlange und -dicke Rollen mit spitz zulaufenden Enden formen. In einer großen Pfanne das Schmalz nicht zu stark erhitzen und die Schupfnudeln darin rundherum goldgelb ausbacken.

3 Die fertigen Nudeln herausnehmen, auf einem Stück Küchenpapier kurz abtropfen lassen und warm stellen. Auf diese Weise nach und nach den gesamten Kartoffelteig verarbeiten.

Links Gnocchi, rechts Schupfnudeln

REZEPTVARIATIONEN

Anstelle des Weizenmehls kann die gleiche Menge fein gemahlener Dinkel oder gemahlene Quinoakörner (Inkagetreide) verwendet werden.

Das Butterschmalz kann durch etwa die gleiche Menge Öl nach Wahl ersetzt werden.

REZEPTERWEITERUNGEN

Passende Kräuter und Gewürze: gemahlener weißer Pfeffer, frisch geriebene Muskatnuß, frisch gehackte Petersilie, Thymian, Majoran. Den Kartoffelteig mit den gewählten Zutaten abschmecken.

PRAKTISCHE TIPS

Die Schupfnudeln können auch in reichlich siedendem Salzwasser gegart werden. Die Garzeit beträgt ca. 3 Minuten. Die Nudeln abgießen und kurz abschrecken.

Bleiben einmal Schupfnudeln übrig, können sie am nächsten Tag erneut in ganz wenig Fett kurz gebraten werden.

Gnocchi
Aus dem Schupfnudelteig lassen sich auch gut die beliebten italienischen Gnocchi herstellen. Dazu die Kartoffelmasse zu ca. 2 cm dicken Rollen formen. Davon ca. 3 cm lange Stücke abschneiden. Diese mit den Zinken einer Gabel so eindrücken, daß sie die typische Gnocchiform erhalten. Die Gnocchi 3 bis 5 Minuten in siedendem Salzwasser garen. Wenn sie an die Wasseroberfläche steigen, sind sie gut.

VERWENDUNGSTIPS

Schupfnudeln passen vor allem zu saucenreichen Fleisch- bzw. Gemüsegerichten. Zusammen mit einer Hackfleischsauce (→ Rezept S. 85) ergeben sie ein Hauptgericht.

BASISREZEPT

Kartoffel-püree

- Zubereitungszeit: ca. 3/4 Std.
- Für 6 Portionen

BASISZUTATEN

850 g mehligkochende Kartoffeln
ca. 320 ml warme Gemüsebrühe
(→ Rezept S. 128)
3 EL Butterflöckchen
wenig Salz

1 Die Kartoffeln schälen, waschen und in Salzwasser kochen oder dämpfen.

2 Die Kartoffeln abgießen, etwas ausdampfen lassen, durch eine Kartoffelpresse drücken und mit der Gemüsebrühe gut verrühren.

3 Die Butter darunterrühren. Das Püree eventuell mit Salz abschmecken.

Herzoginkartoffeln

REZEPTVARIATIONEN

Sämiges Püree
Die Brühe kann durch die gleiche Menge Kuh- oder Sojamilch ersetzt werden.

Die Butter kann gegen die gleiche Menge milchfreie Margarine ausgetauscht werden.

REZEPTERWEITERUNGEN

Passende Kräuter und Gewürze: gemahlener weißer Pfeffer, frisch geriebene Muskatnuß, frisch gehackter Majoran, Petersilie, Schnittlauchröllchen, Dillspitzen.

Püree mit Ei
2 frische Eigelbe verquirlen und unter das Püree rühren. Das Ganze nochmals vorsichtig erhitzen.

REZEPTIDEE

Herzoginkartoffeln

Das Kartoffelpüree in einen Spritzbeutel füllen und kleine Rosetten auf ein mit Backpapier belegtes Blech spritzen. Die Rosetten mit etwas Milch oder etwas verquirltem Eigelb bepinseln und im vorgeheizten Ofen bei 225 °C ca. 1/4 Stunde backen. Die Spitzen sollen goldbraun sein.

PRAKTISCHE TIPS

Die gegarten Kartoffeln können auch mit einem Pürierstab oder in einer Küchenmaschine püriert werden. Dann wird das Püree allerdings recht klebrig.

Werden die Kartoffeln mit einem Stampfer zerkleinert, bleiben kleine Kartoffelstückchen im Püree erhalten.

- Zubereitungszeit: ca. 3/4 Std.
- Zeit zum Ruhen: ca. 1 Std.
- Für 4 Portionen

BASISZUTATEN

300 g Weizenmehl
Type 405
ca. 6 EL Öl nach Wahl
(vorzugsweise Olivenöl)
1 TL Salz
ca. 200 ml Wasser

Links rote Nudeln; Mitte gelbe Nudeln, rechts grüne Nudeln

BASISREZEPT

Nudeln

1 Alle Zutaten mind. 10 Minuten lang zu einem glatten und elastischen Teig verkneten. Tropfenweise noch etwas Öl oder Wasser dazugeben, wenn der Teig nicht zusammenhält. Er darf aber nicht zu klebrig werden.

2 Den Teig zu einer Kugel formen. Diese mit einem feuchten Geschirrtuch abdecken und ca. 1 Stunde ruhen lassen.

3 Den Teig erneut durchkneten und portionsweise auf einer leicht bemehlten Arbeitsfläche oder mit Hilfe einer Nudelmaschine dünn ausrollen.

4 Mit einem Messer oder einem Teigrädchen Nudeln in beliebigen Formen ausschneiden und in reichlich Salzwasser ca. 5 Minuten garen.

REZEPTVARIATIONEN

Dinkelnudeln
Das Weizenmehl kann gegen die gleiche Menge fein gemahlenen Dinkel ausgetauscht werden.

Buchweizennudeln
Etwa 300 g feines Buchweizenmehl, 40 g Kartoffelstärke, etwa 4 EL Öl nach Wahl (vorzugsweise Olivenöl), 2 frische Eigelbe und etwa 100 ml Wasser zu einem geschmeidigen Teig verkneten. Die Nudeln wie im Basisrezept angegeben fertigstellen. Dabei läßt sich der Buchweizenteig nicht ganz so dünn ausrollen wie der Weizenmehlteig.

REZEPTERWEITERUNGEN

Eiernudeln
Das Mehl, das Salz, 3 frische Eier und etwa 2 EL Öl nach Wahl zu einem geschmeidigen Teig verkneten. Dann die Nudeln wie beschrieben fertigstellen.

Gelbe Nudeln
Etwa 1 Döschen Safranpulver vorab unter das Mehl mischen.

Grüne Nudeln
Etwa 50 g frischen Blattspinat verlesen, putzen, waschen, kurz blanchieren und pürieren. Das Mehl, das Salz, 2 frische Eier, etwa 2 EL Öl nach Wahl und die Spinatmasse zu einem geschmeidigen Teig verkneten. Dann die Nudeln wie beschrieben fertigstellen.

Rote Nudeln
Etwa 50 g rote Bete schälen, waschen, in Scheiben schneiden, in wenig Salzwasser garen, abgießen und pürieren. Das Mehl, das Salz, 2 frische Eier, etwa 2 EL Öl nach Wahl und das Gemüsepüree zu einem geschmeidigen Teig verkneten. Die Nudeln wie angegeben fertigstellen.

REZEPTIDEEN

Einfache Tortellini

Den Nudelteig zu zwei gleich großen dünnen Platten ausrollen. Im Abstand von ca. 3 cm je 1 TL geriebenen oder gewürfelten Käse nach Wahl (z. B. je 300 g Emmentaler, Roquefort, Schafskäse, Ziegenfrischkäse, Ricotta), gewürfelten Tofu (etwa 300 g) oder etwa 350 g gebratenes Hackfleisch vom Rind, Schwein oder Lamm auf den Teig setzen. Die Teigfläche zwischen den Füllungen mit etwas Wasser bestreichen. Die zweite Teigplatte darauf legen und die Ränder rund um die Erhebungen festdrücken. Mit einem Teigrädchen oder mit einem Messer entsprechende Quadrate ausschneiden. Die Tortellini in siedendem Salzwasser ca. 5 Minuten garen, abgießen und kurz abschrekken. Die Füllungen können mit gemahlenem Pfeffer, Oregano, Majoran, Thymian, Basilikum oder Salbei gewürzt werden.

Nudeln con aglio e olio

Für ein italienisches Nudelgericht 6 bis 8 Knoblauchzehen schälen und in dünne Scheiben schneiden. 1 kleine, frische rote Chilischote aufschlitzen, entkernen und in feine Ringe schneiden. Beides in 150 ml Olivenöl leicht anbraten. Gekochte, gut abgetropfte Nudeln dazugeben. Alles gut mischen und nochmals kurz erwärmen. Zusammen mit einem Blattsalat nach Wahl (→ Rezepte „Salatsaucen“, S. 88/89) ergibt das Ganze ein Hauptgericht.

Einfache Tortellini mit Emmentalerfüllung und Basilikum

PRAKTISCHE TIPS

Den Nudelteig stets portionsweise ausrollen. Den übrigen Teig währenddessen mit einem feuchten Geschirrtuch abdecken, damit er nicht austrocknet.

Die selbstgemachten Nudeln schmecken frisch zubereitet am besten. Sie können aber auch getrocknet und aufbewahrt werden. Dazu die Nudeln auf einem leicht bemehlten Geschirrtuch ausbreiten, einige Stunden an der Luft gut trocknen lassen, dann in Schraubdeckelgläser, Plastikbeutel oder Kunststoffdosen verpacken. Bei kühler und trockener Lagerung halten sich die Nudeln 1 bis 2 Monate.

VERWENDUNGSTIPS

Nudeln können zu vielen Fleisch-, Fisch- und Gemüsegerichten als Beilage serviert werden.

Zusammen mit einer Sauce ergeben sie aber auch selbst ein Hauptgericht. Empfehlenswert ist z. B. eine Hackfleischsauce (→ Rezept S. 85) oder eine warme Gemüsesauce aus Lauch, Zucchini oder Möhren (→ Rezept S. 87).

BASISREZEPT

Risotto

- Zubereitungszeit: ca. $^3/_4$ Std.
- Für 4 Portionen

BASISZUTATEN

1 mittelgroße Zwiebel
3 EL Butter
300 g geschälter Rundkornreis
knapp $^3/_4$ l heiße Gemüsebrühe (→ Rezept S. 128)
etwas Salz

1 Die Zwiebel schälen und fein würfeln. Die Butter in einem großen Topf erhitzen und die Zwiebel darin glasig werden lassen.

2 Den Reis hineingeben und so lange umrühren, bis alle Körnchen von einem Fettfilm überzogen sind.

3 Die Hitze reduzieren. Etwas Brühe angießen und alles so lange verrühren, bis der Reis die Flüssigkeit aufgesogen hat.

4 Während das Ganze köchelt, nach und nach die Brühe in kleinen Portionen angießen. Zwischendurch immer warten, bis der Reis die Brühe aufgenommen hat. Das Ganze ab und zu vorsichtig umrühren. Das fertige Risotto mit Salz abschmecken.

REZEPTVARIATIONEN

Statt der Zwiebel kann $^1/_2$ Bund Frühlingszwiebeln, 1 kleine Stange Lauch oder 1 große Möhre verwendet werden. Die Gemüse putzen, waschen, in kleine Würfel bzw. feine Ringe schneiden und vorab im Fett anbraten. Dann den Reis dazugeben.

Die Butter kann durch Öl nach Wahl (vorzugsweise Olivenöl) oder milchfreie Margarine ersetzt werden.

Statt der Gemüsebrühe kann die gleiche Menge Fleischbrühe (→ Rezept S. 130) genommen werden.

REZEPTERWEITERUNGEN

Passende Gewürze: gemahlener weißer Pfeffer, edelsüßes Paprikapulver, Ingwer- oder Safranpulver, Nelken oder Lorbeer.

Käserisotto
Etwa 50 g geriebenen Parmesan, 75 g zerbröckelten Schafskäse oder Roquefort unter das fertige Risotto mischen.

Kräuterrisotto
Reichlich gehackte Petersilie, gehackten Majoran, Thymian oder gehacktes Basilikum unter das fertige Gericht rühren.

Rotes Risotto
Den angeschwitzten Reis mit 2 bis 3 EL Tomatenmark (→ Rezept S. 132) verrühren, alles mit der Brühe ablöschen und wie angegeben fertigstellen.

Buntes Risotto
Dazu 1 mittelgroße Möhre und 1 kleinen Zucchino putzen, waschen, fein raspeln und zusammen mit der Zwiebel anbraten.

Pilzrisotto
Etwa 150 g frische Champignons, Pfifferlinge, Shiitake-, Austern- oder Steinpilze putzen, waschen oder abreiben, kleinschneiden und in 1 EL Butter oder milchfreier Margarine dünsten. Die Pilze unter das fertige Risotto mischen.

REZEPTIDEEN

Risotti lassen sich leicht zu Hauptgerichten vervollständigen. Hier werden einige Beispiele vorgestellt.

Meeresfrüchterisotto

Aus 1 großen Zwiebel, 4 EL Butter oder milchfreier Margarine, 400 g Rundkornreis und knapp 1 l Gemüse- bzw. Fischbrühe (→ Rezepte S. 128 und 131) entsprechend der Zubereitungsanweisung (→ Basisrezept) ein Risotto herstellen. Etwa 320 g Tiefseegarnelen, Nordseekrabben oder kleingeschnittene Tintenfischringe, Muscheln (z. B. Mies- oder Venusmuscheln) oder gemischte Meeresfrüchte in 1 bis 2 EL Butter oder milchfreier Margarine einige Minuten dünsten und unter das fertige Risotto mischen. Bei den Meeresfrüchten sollten Sie TK-Ware bevorzugen.

Passende Würzzutaten: Salz, gemahlener weißer Pfeffer, frisch gepreßter Knoblauch, Ingwer- oder Safranpulver, frisch gehacktes Basilikum, Dillspitzen, Zitronensaft.

Risotto mit Fleisch

Aus 1 Zwiebel, 4 EL Butter oder milchfreier Margarine, 400 g Rundkornreis und knapp 1 l Gemüse- bzw. Fleischbrühe (→ Rezepte Seite 128 und 130) entsprechend der Zubereitungsanweisung (→ Basisrezept) ein Risotto zubereiten. Etwa 350 g Geschnetzeltes vom Schwein, Rind, Kalb, Lamm oder 450 g geschnetzelte Hähnchen- bzw. Putenbrustfilets in 1 EL Butter oder milchfreier Margarine braten und unter das Risotto geben.

Passende Würzzutaten: Salz, gemahlener weißer Pfeffer, Cayennepfeffer, edelsüßes Paprikapulver, frisch gepreßter Knoblauch, Thymian, Majoran, Petersilie oder Tomatenmark (→ Rezept S. 132).

PRAKTISCHER TIP

Ein typisch italienisches Risotto sollte cremig und weich sein, die Reiskörner müssen aber dennoch einen leichten Biß haben. Deshalb eignen sich Reissorten mit mittelrundem Korn am besten. Spezielle Risottoreissorten werden unter den Bezeichnungen Vialone, Carmaroli oder Avorio bzw. Arborio angeboten. Parboiledreissorten eignen sich nicht.

Oben Buntes Risotto, unten Meeresfrüchterisotto

VERWENDUNGSTIPS

In Italien ist Risotto immer eine Vorspeise. Es kann jedoch auch als Beilage (→ Basisrezept) gereicht werden. Bei entsprechender Zubereitung ergibt es auch ein prima Hauptgericht (→ Rezeptideen).

BASISREZEPT

Polenta

- Zubereitungszeit: ca. 50 Min.
- Zeit zum Abkühlen: ca. 2 Std.
- Für 6 Portionen

BASISZUTATEN

600 ml Wasser

1 gute Prise Salz

ca. 3 EL weiche Butter

250 g feiner Maisgrieß

1 Das Wasser zusammen mit dem Salz und 1 EL Butter aufkochen, die Hitze herunterschalten. Den Maisgrieß unter Rühren einrieseln lassen.

2 Das Ganze unter Rühren bei milder Hitze ca. 10 Minuten garen. Den Herd ausschalten und alles noch ca. 10 Minuten quellen lassen.

3 Eine flache, nicht zu kleine Auflaufform mit etwas Butter ausstreichen, die Polentamasse hineinfüllen, glattstreichen und erkalten lassen. Das dauert ca. 2 Stunden.

4 Die Polenta aus der Form stürzen und in Stücke oder Scheiben schneiden. Die restliche Butter in einer beschichteten Pfanne erhitzen und die Maisteilchen goldgelb braten.

REZEPTVARIATIONEN

Polenta mit Kuhmilch
Die Hälfte des Wassers durch Kuhvollmilch ersetzen.

Statt Butter milchfreie Margarine verwenden.

REZEPTERWEITERUNGEN

Passende Kräuter und Gewürze: gemahlener weißer Pfeffer, edelsüßes Paprikapulver, frisch gemahlene Muskatnuß, Thymian, Majoran, Oregano. Die ausgewählten Geschmackszutaten vor dem Quellen unter die Polentamasse rühren.

REZEPTIDEEN

Maisgrießauflauf

Die Polentamasse wie angegeben zubereiten, in eine ausreichend große, ausgefettete Auflaufform streichen und erstarren lassen. Je 1 grüne, rote und gelbe Paprikaschote waschen, entkernen, kleinwürfeln, in 1 EL Butter oder milchfreier Margarine kurz braten, würzen (→ passende Kräuter und Gewürze) und auf der Maismasse verteilen. Etwa 125 g Mozzarella aus Kuh- bzw. Büffelmilch oder milden Schafskäse würfeln und über die Paprika geben. Den Auflauf im vorgeheizten Backofen bei 200 °C 10 bis 15 Minuten überbacken. Zusammen mit einem Blattsalat nach Wahl (→ Rezepte „Salatsaucen“, S. 88 und 89) ergibt er ein Hauptgericht für 4 Personen.
Passende Kräuter und Gewürze: Salz, gemahlener weißer Pfeffer, edelsüßes Paprikapulver, frisch gepreßter Knoblauch, Majoran, Thymian oder Oregano in getrockneter Form.

Basisrezept

Süße Polentaschnittchen

Die Polentamasse (→ Schritt 2) nach Belieben mit Zucker, Ahornsirup, Tannen- oder Waldhonig süßen, wie angegeben fertigstellen und als Maisteilchen in der Butter ausbacken. Die süßen Stückchen mit Vanille- oder Zitruszucker (→ Rezept S. 138) bestreuen bzw. mit einer Dessertsauce (→ Rezepte S. 90 bis 91) oder einem Obstsalat (Auswahl der Obstsorten nach Verträglichkeit) anrichten. Das Gericht kann als Dessert oder als süße Hauptmahlzeit (dann reichen die angegebenen Zutatenmengen für 3 bis 4 Personen) gegessen werden.

PRAKTISCHE TIPS

Aus der erkalteten Polentamasse können mit einem Löffel Nocken abgestochen werden. Diese werden ebenso wie die Scheiben oder Stücke im Fett gebraten.

Der Feinheitsgrad des Maisgrießes hat einen Einfluß auf die Konsistenz der fertigen Polenta. Dabei gilt: je feiner der Grieß, desto feiner die Polenta.

Oben Maisgrießauflauf mit Mozzarella, unten süße Polentaschnittchen

VERWENDUNGSTIPS

Polentaschnitten können als Beilage zu vielen Fleisch- und Fischgerichten gereicht werden. Besonders gut passen sie zu Saucengerichten, wie z. B. Gulasch (→ Rezept S. 40), Geschnetzeltes (→ Rezept S. 49), Fischragout (→ Rezept S. 56) oder Hackfleischsauce (→ Rezept S. 85).

BASISREZEPT

Getreidepfanne

- Zubereitungszeit: ca. 1/2 Std.
- Für 4 Portionen

BASISZUTATEN

1 Bund Frühlingszwiebeln
1 EL Öl nach Wahl
200 g Quinoa (Inkagetreide)
1/2 l Gemüsebrühe (→ Rezept S. 128)
Salz

1 Die Frühlingszwiebeln putzen und waschen. Die weißen Teile kleinwürfeln, das Grün in feine Ringe schneiden.

2 Das Öl in einer großen Pfanne mit Deckel nicht zu stark erhitzen, die weißen Zwiebelteile darin unter Rühren anschwitzen.

3 Die Quinoakörner dazugeben, alles mischen und mit der Brühe ablöschen. Die Pfanne schließen und das Ganze bei milder Hitze ca. 10 Minuten ausquellen lassen.

4 Die grünen Zwiebelringe daruntermischen, alles noch ca. 5 Minuten garen und mit Salz abschmecken.

Basisrezept

REZEPTVARIATIONEN

Statt Quinoa läßt sich auf diese Art die gleiche Menge Reis, Hirse, Amaranth (Inkagetreide) oder Grünkerngrütze zubereiten.

Die Zeit zum Ausquellen kann je nach Getreidesorte etwas länger dauern. Am besten zwischendurch mal probieren. Ebenso kann die Menge der benötigten Brühe variieren. Bei Bedarf mehr nehmen.

Getreidepfanne mit Gemüse
Anstelle der Frühlingszwiebeln können 2 mittelgroße Möhren, 1 rote oder gelbe Paprikaschote, 1 mittelgroße Zwiebel oder 1 kleine Stange Lauch verwendet werden. Das Gemüse entsprechend putzen, waschen, in kleine Würfel bzw. feine Ringe schneiden und vorab im Öl anschwitzen.

Das Öl kann durch die gleiche Menge Butter ersetzt werden.

REZEPTERWEITERUNGEN

Passende Gewürze: gemahlener weißer Pfeffer, frisch gepreßter Knoblauch, Kreuzkümmel- oder Ingwerpulver, Thymian, Blattpetersilie oder Schnittlauchröllchen.

Getreidepfanne mit Tomaten
Für eine rote Getreidepfanne 3 vollreife Tomaten überbrühen, enthäuten, von den Stielansätzen befreien und fein würfeln. Die Tomatenwürfel zusammen mit den Zwiebelringen unter die Getreidekörner mischen (→ Schritt 4).

PRAKTISCHER TIP

Quinoa, Amaranth, Hirse und Grünkerngrütze gibt es im Naturkostladen oder in gut sortierten Naturkostabteilungen der Supermärkte.

VERWENDUNGSTIPS

Eine Getreidepfanne paßt als Beilage zu Gemüse-, Fleisch-, Geflügel- und Fischgerichten.

BASISREZEPT

Linsengemüse

- Zubereitungszeit: 3/4–1 Std.
- Für 4 Portionen

BASISZUTATEN

1 mittelgroße Zwiebel
2 EL Butter
150 g getrocknete braune Linsen
ca. 3/4 l Gemüsebrühe (→ Rezept S. 128)
100 g Crème fraîche
etwas Salz

1 Die Zwiebel schälen und fein würfeln. Die Butter in einem Topf erhitzen und die Zwiebel darin leicht anbraten.

2 Linsen und Brühe dazugeben und das Ganze aufkochen lassen. Den Topf schließen und die Linsen bei milder Hitze nicht zu weich kochen. Das dauert je nach Sorte und Lagerdauer der Hülsenfrüchte 30 bis 40 Minuten.

3 Die Crème fraîche hineinrühren und das Linsengemüse mit Salz abschmecken. Je nach gewünschter Konsistenz das Ganze etwas einkochen lassen oder etwas Brühe angießen.

Linsengemüse mit roten Linsen

REZEPTVARIATIONEN

Anstelle der Zwiebel 1 kleine Stange Lauch verwenden. Diese putzen, waschen, kleinschneiden und zunächst leicht im Fett anbraten.

Die Butter gegen 2 EL milchfreie Margarine oder Öl nach Wahl ausgetauscht werden.

Statt brauner Linsen kann die gleiche Menge rote Linsen verwendet werden. Ihre Garzeit beträgt dann nur ca. 10 Minuten (→ Schritt 2).

Linsengemüse mit Ziegenkäse
Crème fraîche gegen 75 bis 100 g milden Ziegenfrischkäse austauschen.

REZEPTERWEITERUNGEN

Passende Würzzutaten: gemahlener weißer Pfeffer, frisch gepreßter Knoblauch, Currypulver oder Tomatenmark (→ Rezept S. 132), Schnittlauchröllchen, Petersilie, Basilikum, Dillspitzen.

Linsengemüse mit Fisch
Etwa 100 g geräuchertes Forellenfilet kleinschneiden und unter das fertige Linsengericht mischen.

REZEPTIDEE

Linsengemüse mit Fleisch

Etwa 250 g Hackfleisch oder Geschnetzeltes vom Schwein, Rind, Kalb, Pute, Hähnchen oder Lamm in 2 EL Öl nach Wahl braten und unter das fertige Gericht geben. Zusammen mit Salzkartoffeln ergibt der feine Linsen-Fleisch-Topf ein Hauptgericht für 2 Personen.

PRAKTISCHER TIP

Das Linsengemüse kann auch als Füllung für Paprikaschoten, Auberginen, Zucchini oder andere Gemüsen Verwendung finden (→ Rezept „Gefülltes Gemüse", S. 62).

■ Zubereitungszeit: ca. 40 Min.
■ Für 4 Portionen

BASISZUTATEN

- **Salz**
- **600 g große Möhren**
- **4 Eigelb**
- **4 EL Wasser**

BASISREZEPT

Gemüsegratin

1 Den Backofen auf 225 °C vorheizen. Reichlich Salzwasser zum Kochen bringen.

2 Inzwischen die Möhren putzen, waschen und schräg in dünne Scheiben schneiden. Diese für ca. 1 Minute in dem kochenden Wasser blanchieren und abgießen.

3 Die Möhren schuppenartig überlappend in eine große, flache Auflaufform schichten. Die Eigelbe mit dem Wasser verquirlen und die Möhren damit begießen. Das Ganze im Ofen ca. 1/4 Stunde gratinieren.

REZEPTVARIATIONEN

Cremiges Gemüsegratin
Etwa 100 g Doppelrahm- oder Ziegenfrischkäse mit etwas Kuhmilch oder Wasser verrühren und anstelle der Eigelb-Wasser-Mischung über das Gemüse geben.

Gemüsegratin ohne Ei
Das eingeschichtete Gemüse mit 80 g Butterflöckchen belegen. Auf den Guß verzichten. Einige EL Wasser angießen.

Statt der Möhren kann die gleiche Menge Kartoffeln, Zucchini, Blumenkohl- oder Brokkoliröschen genommen werden. Die Zucchini wie die Möhren vorbereiten. Sie brauchen allerdings nicht blanchiert werden. Die Kartoffeln schälen, waschen, hauchdünn hobeln und so lange im Salzwasser kochen, bis sie bißfest sind. Blumenkohl und Brokkoli ca. 1/4 Stunde vorgaren.

REZEPTERWEITERUNGEN

Passende Kräuter und Gewürze: gemahlener weißer Pfeffer, frisch geriebene Muskatnuß, Petersilie, Dillspitzen, Basilikum oder Schnittlauchröllchen. Die ausgewählten Geschmackszutaten auf dem eingeschichteten Gemüse verteilen, dann den Guß darübergeben.

Statt der Eigelbe 4 ganze Eier gut verquirlen und über das Gemüse geben, dabei das Wasser weglassen.

Sahniges Gemüsegratin
Die Eigelbe mit 100 g Crème fraîche oder süßer Sahne verquirlen, dabei das Wasser weglassen.

Gemüsegratin mit Käse
Zusätzlich 100 g geriebenen Emmentaler oder zerbröckelten Schafskäse über den Guß auf das Gratin streuen.

PRAKTISCHE TIPS

Es empfiehlt sich, das Gratin im Ofen zu beobachten. Wird es zu trocken (vor allem dann, wenn auf einen Guß verzichtet wurde), etwas Wasser oder Gemüsebrühe (→ Rezept S. 128) angießen.

Werden Gemüse und Guß rasch dunkel, das Ganze mit Backpapier oder Alufolie abdecken.

VERWENDUNGSTIPS

Ein Gemüsegratin paßt als Beilage zu allen Fisch-, Fleisch- und Geflügelgerichten. Ein Kartoffelgratin dient als Stärkebeilage.

BASISREZEPT

Gedämpftes Gemüse

- Zubereitungszeit: ca. 40 Min.
- Für 4 Portionen

BASISZUTATEN

700 g Möhren

Wasser zum Garen

Salz nach Belieben

1 Die Möhren putzen, waschen, in ca. 1/2 cm dicke Scheiben schneiden und in einen Dämpfeinsatz geben.

2 Einen passenden Topf ca. 3 cm hoch mit Wasser füllen. Dieses aufkochen, den Dämpfeinsatz hineinstellen und den Topf schließen.

3 Die Möhren 20 bis 25 Minuten dämpfen und nach Belieben salzen.

Gedämpftes Gemüse mit Koriandergrün

REZEPTVARIATIONEN

Statt der Möhren kann die gleiche Menge anderes Gemüse, wie z. B. Fenchel, Pastinaken, Zucchini, Paprikaschoten, Brokkoli- oder Blumenkohlröschen, Spargel, Tomaten, Kürbis, Lauch, Zucker- oder Okraschoten, Schwarzwurzeln oder Kartoffeln, verwendet werden. Die Gemüsesorten entsprechend putzen, waschen und kleinschneiden oder zerteilen. Es ist auch möglich, 2 bis 3 verschiedene Gemüse zu mischen. Je nach Festigkeit der einzelnen Gemüse kann die Garzeit variieren. Öfter mal probieren.

Anstelle des Wassers kann eine entsprechende Menge Gemüsebrühe (→ Rezept S. 128) genommen werden.

REZEPTERWEITERUNGEN

Passende Kräuter und Würzzutaten: Meer- oder Jodsalz, frisch gehackte Petersilie, Schnittlauchröllchen, gehacktes Fenchel- oder Koriandergrün, frisch gehackter Kerbel, Thymian, Majoran, Oregano, Basilikum, Rosmarin oder Salbei. Die ausgewählten Kräuter über das gedämpfte Gemüse geben.

Das gegarte Gemüse in 1 EL Butter bzw. milchfreier Margarine, in 2 EL Crème fraîche oder 3 EL Ziegenfrischkäse schwenken.

PRAKTISCHE TIPS

Besonders gut gelingt gedämpftes Gemüse in einem speziellen Dämpfgerät. Diese Geräte sind nicht billig. Eine Anschaffung lohnt sich jedoch, wenn man bedenkt, daß sich die Mehrzahl der Nahrungsmittel darin ohne großen Aufwand und sehr nährstoffschonend zubereiten läßt.

Auch in einem Wok mit Dämpfkorb kann Gemüse entsprechend zubereitet werden.

- Zubereitungszeit: ca. 20 Min.
- Für 4 Portionen

BASISZUTATEN

- **75 g Butter**
- **40 g Weizenmehl Type 405**
- **400 ml Kuhmilch**
- **Salz**

Béchamelkartoffeln

BASISREZEPT

Béchamel-sauce

1 Die Butter in einem Topf erhitzen. Das Mehl einstreuen und unter Rühren goldgelb anschwitzen.

2 Das Ganze mit der Milch ablöschen, dabei alles mit einem Schneebesen rasch und kräftig aufschlagen.

3 Die Sauce aufkochen und ca. 5 Minuten bei schwacher Hitze köcheln lassen. Das Ganze mit Salz abschmecken und servieren (→ Verwendungstips).

REZEPTVARIATIONEN

Statt der Butter kann milchfreie Margarine und anstelle der Kuhmilch kann Gemüse-, Fleisch-, Geflügel- oder Fischbrühe bzw. ein entsprechender Fond (→ Rezepte S. 128 bis 131) genommen werden. Die Mengen bleiben jeweils gleich.

Anstelle des Weizenmehls die gleiche Menge fein gemahlener Dinkel, feines Maismehl oder etwa 60 g feingemahlene Quinoakörner (Inkagetreide) verwenden.

REZEPTERWEITERUNGEN

Passende Würzzutaten:
frisch geriebene Muskatnuß, frisch geriebener Meerrettich, gemahlener weißer Pfeffer, Senf (→ Rezept S. 134), Basilikum, Petersilie, Dillspitzen, Schnittlauchröllchen, edelsüßes Paprikapulver. Die Geschmackszutaten in die fertige Sauce einrühren.

Käsesauce
Nur etwa 30 g Mehl verwenden. Die Sauce wie angegeben zubereiten, etwa 100 g Emmentaler, Parmesan, alten Gouda oder Schnittkäse aus Ziegen- bzw. Schafsmilch fein reiben und darunterrühren.

REZEPTIDEE

Béchamelkartoffeln

Etwa 800 g Kartoffeln gut waschen, in Salzwasser garen, etwas abkühlen lassen, pellen und in Scheiben schneiden. Ein doppeltes Rezept Béchamelsauce zubereiten, nach Belieben würzen, die Kartoffelscheiben hineingeben, darin erwärmen. Schnittlauchröllchen passen gut dazu.

PRAKTISCHER TIP

Sollte die Sauce Klümpchen haben, wird sie einfach durch ein feinmaschiges Sieb gestrichen und dann gekocht.

VERWENDUNGSTIPS

Eine Béchamelsauce paßt gut zu gedämpftem bzw. gedünstetem Gemüse oder Fisch.

BASISREZEPT

Hackfleisch-sauce

- Zubereitungszeit: ca. 1 Std.
- Für 4 Portionen

BASISZUTATEN

3 EL Öl nach Wahl
500 g mageres Hackfleisch vom Schwein
ca. 1/4 l Fleischbrühe (→ Rezept S. 130)
etwas Salz
700 g vollreife Fleischtomaten

1 Das Öl in einem Schmortopf erhitzen, das Hackfleisch darin scharf anbraten. Das Ganze mit der Brühe ablöschen und salzen.

2 Die Tomaten überbrühen, enthäuten, von den Stielansätzen befreien, grob würfeln und zum Hackfleisch geben. Den Topf verschließen. Das Ganze bei milder Hitze ca. 3/4 Stunden köcheln lassen, zwischendurch mehrfach umrühren.

3 Die Sauce abschmecken, je nach Konsistenz noch etwas einkochen lassen oder mit Brühe verdünnen und servieren (→ Verwendungstips).

REZEPTVARIATIONEN

Statt Schweinefleisch kann die gleiche Menge Rinder-, Kalb- oder Lammhackfleisch genommen werden.

Das Öl kann gegen die gleiche Menge Butterschmalz ausgetauscht werden.

Anstelle der Fleischtomaten kann die gleiche Menge Eiertomaten verwendet werden. Die sind meist aromatischer.

Hackfleischsauce ohne Tomaten
Statt der Tomaten etwa 500 g kleine Zucchini verwenden. Diese putzen, waschen, fein raspeln und zum angebratenen Hackfleisch (→ Schritt 1) geben. Alles ablöschen, ca. 20 Minuten köcheln lassen, wie angegeben fertigstellen.

REZEPTERWEITERUNGEN

Passende Würzzutaten: gemahlener weißer Pfeffer, edelsüßes Paprikapulver, Cayennepfeffer, frisch gepreßter Knoblauch, Thymian, Majoran, Oregano, Basilikum, Blattpetersilie, Schnittlauchröllchen, Tomatenmark (→ Rezept S. 132).

Würzige Sauce
2 mittelgroße Zwiebeln schälen, würfeln und mit dem Hackfleisch (→ Schritt 1) anbraten.

REZEPTIDEE

Nudelsauce Bologneser Art

Etwa 700 g vollreife Fleisch- oder Eiertomaten überbrühen, enthäuten, von den Stielansätzen befreien und grob hacken. Etwa 75 g durchwachsenen Schweinespeck fein würfeln. 1 Zwiebel, 1 Knoblauchzehe und 1 Möhre schälen, kleinwürfeln und in 3 EL Öl nach Wahl (vorzugsweise Olivenöl) anbraten. Dann etwa 400 g Hackfleisch vom Schwein, Rind, Kalb oder Lamm dazugeben und mitbraten. Das Ganze mit 1/4 l Fleischbrühe (→ Rezept S. 130) ablöschen und mit Salz, gemahlenem weißen oder schwarzen Pfeffer, frisch gehackter Petersilie, 1 Nelke und 1 Lorbeerblatt würzen. Die Tomaten dazugeben und alles bei ganz milder Hitze ca. 3/4 Stunden köcheln lassen. Dabei öfter umrühren.

VERWENDUNGSTIPS

Die Hackfleischsauce kann zu Nudeln aller Art (→ Rezepte S. 74) und zu gekochtem Reis gereicht werden.

BASISREZEPT

Pikante Fruchtsauce

- Zubereitungszeit: ca. 25 Min.
- Für 4 Portionen

BASISZUTATEN

650 g säuerliche Äpfel
(z. B. Boskop)
ca. 30 g frischer Ingwer
100 ml Wasser

1 Die Äpfel schälen, vierteln, entkernen und in Spalten schneiden. Den Ingwer schälen, fein reiben oder sehr fein würfeln.

2 Die Apfelspalten mit dem Ingwer und dem Wasser in einen Topf geben, zugedeckt bei milder Hitze in ca. 10 Minuten weich dünsten, dabei die Äpfel leicht zerdrücken.

3 Die Sauce kurz aufschlagen und lauwarm servieren (→ Verwendungstips).

REZEPTVARIATIONEN

Feurige Fruchtsauce
Der Ingwer kann durch 1 TL zerstoßene grüne Pfefferkörner ersetzt werden.

Anstelle der Äpfel kann die gleiche Menge Pfirsiche, Aprikosen, Birnen oder etwa 500 g Mangofleisch verwendet werden. Bei Obstsorten mit weichem Fruchtfleisch die Garzeit auf 4 bis 5 Minuten verkürzen.

REZEPTERWEITERUNGEN

Feine Fruchtsauce
Etwas getrockneten oder fein gehackten frischen Majoran unter die fertige Sauce rühren.

Fruchtsauce mit Pfeffer
Bis zu 1 TL zerdrückte grüne Pfefferkörner in die fertige Sauce geben.

VERWENDUNGSTIPS

Die pikante Fruchtsauce paßt ausgezeichnet zu kurzgebratenem Fleisch (z. B. Schweineschnitzel, -koteletts oder -filets, Rindersteaks oder Lammkoteletts) aber auch zu Getreide- oder Gemüsebratlingen.

Basisrezept *Mangosauce*

BASISREZEPT

Warme Gemüsesauce

- Zubereitungszeit: ca. 40 Min.
- Für 4 Portionen

BASISZUTATEN

300 g mehligkochende Kartoffeln
ca. 300 ml Gemüsebrühe (→ Rezept S. 128)
etwas Salz

1 Die Kartoffeln schälen, waschen, grob würfeln und in der Brühe weich kochen.

2 Die Kartoffeln mitsamt der Brühe in einem Mixer oder mit dem Pürierstab pürieren. Die Sauce aufkochen, je nach gewünschter Konsistenz das Ganze mit Brühe verlängern oder etwas einkochen lassen.

3 Die Sauce mit Salz abschmecken und warm servieren (→ Verwendungstips).

Oben Paprikasauce, unten Kürbissauce

REZEPTVARIATIONEN

Anstelle der Kartoffeln können auch 600 g Möhren, Paprikaschoten, Pastinaken, Kürbis, Schwarzwurzeln, Lauch oder Zucchini genommen werden. Je nach dem Wassergehalt der Gemüse kann die Menge der benötigten Brühe etwas variieren. Meist genügen schon 200 ml.

Statt Gemüsebrühe kann auch Fleischbrühe (→ Rezept S. 130) verwendet werden.

REZEPTERWEITERUNGEN

Passende Würzzutaten: gemahlener weißer Pfeffer, Currypulver (→ Rezept S. 134), Dillspitzen, Petersilie, Schnittlauchröllchen, Basilikum, Tomatenmark oder Senf (→ Rezepte S. 132 und 134). Die Geschmackszutaten unter die fertige Sauce rühren.

Cremige Gemüsesauce
Etwa 100 g Crème fraîche oder etwa 75 g milden Ziegenfrischkäse unter die fertige Sauce rühren.

REZEPTIDEE

Fisch in Gemüsesauce

Eine Gemüsesauce (vorzugsweise aus Kartoffeln oder Möhren) zubereiten und mit etwas Fenchelsamen oder Safran würzen. 4 Portionen Fischfilet von Salz- oder Süßwasserfischen (z. B. Scholle, Lachs, Seezunge, Bachforelle oder Zander) in die Sauce legen und darin bei ganz milder Hitze gar ziehen lassen.

PRAKTISCHE TIPS

Je nach dem Stärke- und Fasergehalt der verwendeten Gemüsesorte muß die Sauce nach dem Pürieren noch mit Brühe verdünnt oder aber etwas eingekocht werden.

Gemüsesaucen werden besonders fein, wenn man sie nach der Fertigstellung durch ein feinmaschiges Sieb passiert.

VERWENDUNGSTIPS

Die Gemüsesaucen passen zu kurzgebratenem Fleisch und zu gedünstetem, gebratenem oder gegrilltem Fisch sowie zu leckeren Getreide- bzw. Gemüsebratlingen.

BASISREZEPT

Vinaigrette

- Zubereitungszeit: ca. 10 Min.
- Für 4 Portionen

BASISZUTATEN

4 EL Würzessig
(→ Rezept S. 136)
etwas Salz
8 EL Öl nach Wahl

1 Den Essig zusammen mit dem Salz gut verrühren.

2 Das Öl mit einem Schneebesen so lange kräftig darunterschlagen, bis die Sauce leicht cremig ist.

3 Die Vinaigrette über einen Salat geben (→ Verwendungstips).

REZEPTERWEITERUNGEN

Passende Würzzutaten: gemahlener weißer oder schwarzer Pfeffer, Senf (→ Rezept S. 134), frisch gepreßter Knoblauch, Petersilie, Dillspitzen, Schnittlauchröllchen, Basilikum, Kerbel, frische Brunnenkresse. Die Würzzutaten stets zusammen mit Essig und Salz verrühren. Erst dann das Öl dazugeben.

Zwiebelvinaigrette
1 kleine Zwiebel schälen, ganz fein würfeln oder reiben und unter die Essig-Salz-Mischung rühren.

Radieschenvinaigrette
Etwa 4 Radieschen putzen, waschen, fein hacken oder raspeln und zusammen mit Essig und Salz verrühren.

Tomatenvinaigrette
1 mittelgroße Tomate überbrühen, enthäuten, halbieren, von dem Stielansatz befreien, entkernen, fein würfeln und unter die Vinaigrette rühren.

PRAKTISCHER TIP

Eine Vinaigrette stets erst kurz vor dem Servieren zubereiten, denn nach kurzer Zeit trennt sich die Essig-Öl-Emulsion wieder.

VERWENDUNGSTIPS

Eine Vinaigrette paßt zu allen Blattsalaten, aber auch zu Tomaten-, Gurken-, Kartoffel- und anderen Gemüsesalaten.

BASISREZEPT

Cremiges Dressing

- Zubereitungszeit: ca. 10 Min.
- Für 4 Portionen

BASISZUTATEN

125 g Ziegenfrischkäse
ca. 75 ml Gemüsebrühe
(→ Rezept S. 128)
etwas Salz
1 Prise Zucker

1 Alle Zutaten in eine Schüssel geben und gut verrühren.

2 Das Dressing abschmecken und zum Salat geben.

REZEPTVARIATIONEN

Anstelle der Brühe kann die gleiche Menge Kuh-, Schafs- oder Ziegenmilch genommen werden.

Der Ziegenfrischkäse kann durch ein entsprechendes Kuhmilchprodukt (z. B. Doppelrahmfrischkäse) ersetzt werden.

REZEPTERWEITERUNGEN

Passende Kräuter und Gewürze: gemahlener weißer Pfeffer, Ingwerpulver, Kerbel, Petersilie, Schnittlauch, Salbei, Thymian, Majoran.

VERWENDUNGSTIPS

Das Dressing paßt zu allen Blattsalaten, aber auch zu Tomaten-, Gurken- und anderen Gemüsesalaten.

BASISREZEPT

Kalte Gemüsesauce

- Zubereitungszeit: ca. 1/4 Std.
- Für 4 Portionen

BASISZUTATEN

1 reife Avocado
2 EL Zitronensaft
1/2 l Gemüsebrühe
(→ Rezept S. 128)
Salz

1 Die Avocado halbieren und entsteinen, das Fruchtfleisch mit einem Teelöffel herauslösen und sofort zusammen mit dem Zitronensaft pürieren.

2 Die Brühe darunterschlagen und die Sauce mit Salz abschmecken. Einen Salat damit anmachen (→ Verwendungstips) und sofort servieren.

REZEPTVARIATION

Anstelle des Zitronensaftes können 1 bis 2 EL Würzessig (→ Rezept S. 136) zum Abschmecken der Sauce verwendet werden.

Basisrezept

REZEPTERWEITERUNGEN

Passende Gewürze: gemahlener schwarzer Pfeffer, Cayennepfeffer, edelsüßes oder scharfes Paprikapulver.

PRAKTISCHE TIPS

Die Sauce sollte nie längere Zeit stehen, da sie bald eine grau-bräunliche Farbe annimmt.

Alle vorgestellten Salatsaucen passen auch gut zu einer Rohkost. Diese herzustellen ist ganz einfach: Gemüsesorten, wie z. B. Möhren, Kohlrabi, Rote Bete, Gurken, Zucchini, Rettich, Radieschen oder Paprika, waschen, putzen, eventuell schälen, dann in dünne Scheiben oder schmale Stifte schneiden bzw. raspeln und mit einer Sauce anmachen. Anderes Gemüse, wie z. B. Rot- oder Weißkohl, Brokkoli, Blumenkohl oder Spargel, ebenfalls putzen, waschen und entsprechend vorbereiten, dann ganz fein hobeln und in einer Sauce wenden.
Wird rohes Gemüse nicht gemocht oder nicht vertragen, kann es in kochendem Salzwasser je nach Sorte einige Minuten blanchiert werden.

VERWENDUNGSTIPS

Die Gemüsesauce paßt zu kräftigen Blattsalaten (z. B. Endivie, Radicchio, Eichblattsalat) ebenso wie zu einem Tomaten- oder Zucchinisalat.
Sie schmeckt auch gut zu kurzgebratenem Fleisch, zu gedünstetem Fisch oder zu frischen Krabben.

BASISREZEPT

Beerensauce

- Zubereitungszeit: ca. $^{1}/_{4}$ Std.
- Für 4 Portionen

BASISZUTATEN

300 g frische Himbeeren

3 EL Puderzucker

1 Die Himbeeren verlesen, pürieren und durch ein feinmaschiges Sieb streichen.

2. Den Zucker so lange unter das Himbeermark rühren, bis er sich völlig gelöst hat. Die Sauce zum Dessert servieren.

REZEPTVARIATIONEN

Alle Arten von Beeren (z. B. Brombeeren, schwarze und rote Johannisbeeren, Heidelbeeren, Stachelbeeren) lassen sich zu einer feinen Sauce verarbeiten.

Dickflüssige Sauce
Etwa 250 g vorbereitete frische Beeren und 125 g Zucker im Mixer ca. 10 Minuten lang aufschlagen. Das Fruchtpüree anschließend ca. $^{1}/_{2}$ Stunde ruhen lassen.

REZEPTERWEITERUNGEN

Spritzige Beerensauce
Etwas abgeriebene Schale einer unbehandelten Zitrone, Limette oder Orange unter die Sauce rühren.

Sahnige Beerensauce
Etwa 100 g süße Sahne halbsteif schlagen und unter das Fruchtpüree heben. Die Sauce umgehend verzehren.

PRAKTISCHER TIP

Beerenfruchtsaucen lassen sich auch aus Tiefkühlware herstellen.

VERWENDUNGSTIPS

Beerensaucen können zu Eis (→ Rezepte S. 99 und 100) und zu süßen Pfannkuchen (→ Rezepte S. 69 und 79) gereicht werden.

BASISREZEPT

Süße Nußsauce

- Zubereitungszeit: ca. 20 Min.
- Für 4 Portionen

BASISZUTATEN

50 g gemahlene geschälte Mandeln

250 g süße Sahne

1 EL Zucker

1 Die Mandeln in einer trockenen Pfanne unter Rühren goldgelb rösten.

2 Das Ganze mit der Sahne ablöschen, den Zucker dazugeben, die Sauce unter Rühren etwas einkochen lassen und servieren (→ Verwendungstips).

REZEPTVARIATIONEN

Statt Zucker kann etwa 1 TL Ahornsirup, Wald- oder Tannenhonig verwendet werden.

Statt der Sahne etwa 200 ml Soja- oder Kuhmilch zum Ablöschen verwenden.

Anstelle der Mandeln können gemahlene Hasel- oder Walnüsse bzw. gemahlene Pistazienkerne (ungesalzen) genommen werden.

REZEPTERWEITERUNG

Feine Nußsauce
Etwas Vanillemark unter die fertige Sauce rühren.

VERWENDUNGSTIPS

Die Nußsauce schmeckt auch kalt. Sie harmoniert bestens mit Früchten, wie z. B. Aprikosen, Pfirsichen, Birnen oder Zwetschgen.

BASISREZEPT

Vanillesauce

1 Die Vanilleschote aufschlitzen, das Mark herauskratzen. Beides zusammen mit der Milch und dem Zucker in einem Topf aufkochen.

2 Die Stärke mit dem Wasser glattrühren, zur Milch gießen und alles aufkochen. Das Ganze 4 bis 5 Minuten unter Rühren kochen lassen.

3 Die Sauce vom Herd nehmen und etwas abkühlen lassen. Vor dem Servieren (→ Verwendungstips) die Vanilleschote entfernen.

- **Zubereitungszeit: ca. 20 Min.**
- **Für 4 Portionen**

BASISZUTATEN

1 Vanilleschote
300 ml Kuhmilch
2 EL Zucker
2 TL Kartoffelstärke
2 EL Wasser

Basisrezept

REZEPTVARIATIONEN

Statt Kuhmilch kann die gleiche Menge Soja-, Mandel- oder Stutenmilch (Reformhaus) verwendet werden.

Die Kartoffelstärke kann durch die gleiche Menge Reis- oder auch Maisstärke ersetzt werden.

Schokoladensauce
Auf Vanilleschote und Wasser verzichten. Statt dessen die Stärke, 2 EL Kakao- oder Carobpulver mischen und mit einem Teil der Milch verrühren. Die übrige Milch zusammen mit dem Zucker aufkochen, die angerührte Stärke dazugießen und alles unter Rühren 4 bis 5 Minuten köcheln. Die fertige Sauce unter gelegentlichem Rühren abkühlen lassen.

REZEPTERWEITERUNG

Vanillesauce mit Ei
Zum Verfeinern 2 frische Eigelbe verquirlen und mit einem Schneebesen rasch unter die heiße Sauce schlagen.

PRAKTISCHER TIP

Die Vanillesauce schmeckt warm und kalt. Beim Abkühlen sollte sie öfter mit einem Schneebesen aufgeschlagen werden, damit sich keine Haut bildet.

VERWENDUNGSTIPS

Vanille- oder Scholo						ladensauce passen zu Eis (→ Rezepte S. 99 und 100), Pudding, Obstsalat und anderen Desserts (→ Rezepte S. 92 bis 100).

■ Zubereitungszeit: ca. 1/4 Std.
■ Zeit zum Gelieren: ca. 3 Std.
■ Für 4 Portionen

BASISZUTATEN

1/4 l Kuhmilch (3,5% Fett)
1 TL Agar-Agar
250 g Vollmilchjoghurt
2 EL Puderzucker

BASISREZEPT

Joghurtgelee

1 Von der Milch 3 EL abnehmen und diese mit dem Agar-Agar verquirlen. Die übrige Milch aufkochen, das angerührte Agar-Agar hineinrühren und dann das Ganze unter Rühren ca. 2 Minuten köcheln lassen.

2 Den Joghurt zusammen mit dem Zucker verrühren und die Milchmischung gleichmäßig darunterrühren.

3 Das Gelee in vier Dessertschalen füllen, diese abdecken und das Ganze im Kühlschrank ca. 3 Stunden gelieren lassen.

REZEPTVARIATIONEN

Anstatt Agar-Agar können 5 Blatt weiße Gelatine verwendet werden. Dazu die Gelatine in Wasser einweichen, gut ausdrücken und in der erwärmten Milch auflösen. Die Milch-Gelatine-Mischung unter den vorbereiteten Joghurt rühren.

Gelee aus Schafsmilchjoghurt
Milch und Joghurt von der Kuh können durch jeweils gleiche Mengen Schafsmilch und milden Schafsmilchjoghurt ersetzt werden.

Anstelle des Joghurts kann die gleiche Menge Dickmilch, Kefir oder Buttermilch (alles aus Kuhmilch) Verwendung finden.

REZEPTERWEITERUNGEN

Passende Geschmackszutaten: Vanillemark, Zimt, etwas abgeriebene Schale von einer unbehandelten Zitrone, Limette oder Orange. Die ausgewählte Zutat vorab unter den Joghurt rühren.

Joghurt-Frucht-Gelee
1 Banane, 1 Apfel, 1 Birne, 1 bis 2 Pfirsiche, 4 große Aprikosen, etwa 180 g Weintrauben oder 150 g Honigmelone verwenden. Das Obst schälen bzw. waschen, entkernen bzw. entsteinen, dann kleinschneiden und vorab unter den Joghurt heben.

Joghurt-Beeren-Gelee
Etwa 150 g frische Himbeeren, Brombeeren, schwarze oder rote Johannisbeeren, Heidel- oder Erdbeeren verlesen, putzen, waschen und gut abtropfen lassen. Die Erdbeeren eventuell kleinschneiden. Die Beeren vorab unter den Joghurt mischen.

Joghurt-Nuß-Gelee
3 bis 4 EL gehackte bzw. gemahlene Mandeln, Hasel- oder Walnüsse, Pistazien oder Kokosraspel vorab unter den Joghurt mischen.

PRAKTISCHER TIP

Joghurt läßt sich mit Hilfe eines bereits vorhandenen Naturjoghurts oder mit sogenannten Joghurtkulturen (Reformhaus) ganz leicht selbst herstellen. Am besten funktioniert es in speziellen Joghurtautomaten. Den jeweiligen Packungsbeilagen ist das genaue Herstellungsverfahren zu entnehmen. Es gibt aber auch praktische Bücher (z. B. „Alles mit Joghurt – Täglich selbstgemacht", erschienen im FALKEN Verlag) zu diesem Thema.

REZEPTIDEEN

Fruchtjoghurt

Etwa 400 g Naturjoghurt aus Kuh- oder Schafsmilch (eventuell selbsthergestellt) mit 4 bis 5 EL Beerenkonfitüre, Obstmus oder 4 EL Backobstkompott (→ Rezepte S. 122 bis 124 und 96) verrühren.

Süße Joghurtspeise

Etwa 400 g Naturjoghurt aus Kuh- oder Schafsmilch mit Ahornsirup, Tannen- oder Waldhonig süßen.

Oben links Joghurt-Pfirsich-Gelee, oben rechts Joghurt-Himbeer-Gelee, unten links Joghurt-Pistazien-Gelee, unten rechts Fruchtjoghurt

- Zubereitungszeit: ca. 20 Min.
- Zeit zum Kühlen: ca. 3 Std.
- Für 4 Portionen

BASISZUTATEN

5 – 6 rosa Grapefruits

2 EL Kartoffelstärke

60 g Zucker

1/4 l Wasser

BASISREZEPT

Fruchtgrütze

1 Den Saft von 3 Grapefruits auspressen und die übrigen Früchte so schälen, daß auch die weiße Haut dabei entfernt wird. Mit einem Messer die Fruchtfilets herauslösen.

2 Die Stärke in einem Topf zusammen mit dem Zucker und dem Wasser verquirlen und das Ganze unter Rühren aufkochen lassen.

3 Den Topf vom Herd nehmen, den Zitrussaft sowie die Grapefruitfilets dazugeben und unterrühren. Die Grütze in Dessertschälchen füllen und für ca. 3 Stunden in den Kühlschrank stellen.

REZEPTVARIATIONEN

Statt Kartoffelstärke kann die gleiche Menge Mais- oder Reisstärke verwendet werden.

Orangengrütze
Statt der Grapefruits 6 Orangen verwenden.

Beerengrütze
Etwa 400 g frische Himbeeren, Johannisbeeren, Heidelbeeren, Brombeeren oder Erdbeeren verlesen, waschen, abtropfen lassen, in den angedickten Orangensaft geben (→ Schritt 3) und die Grütze wie angegeben fertigstellen.

Birnengrütze
3 feste Birnen schälen, vom Kerngehäuse befreien, in Stücke schneiden, in den angedickten Saft geben und alles ca. 5 Minuten köcheln lassen.

Aprikosengrütze
Etwa 300 g frische Aprikosen waschen, entsteinen, in Spalten schneiden, zum angedickten Saft geben und alles ca. 5 Minuten köcheln lassen.

REZEPTERWEITERUNGEN

Feine Fruchtgrütze
1 Zimtstange mitkochen und vor dem Abkühlen entfernen.

Orangen-Kiwi-Grütze
Etwa 2 Kiwis schälen, kleinschneiden und zusammen mit den Orangenfilets unter die Grütze rühren.

HINWEIS

Zum Binden von Kompott, Fruchtgrütze oder -suppe, von heißen Süßspeisen also, gibt es verschiedene Möglichkeiten. *Hier einige Beispiele:*
Speisestärken, wie z. B. Kartoffel- oder Maisstärke, sind nahezu geschmacksneutral und beeinträchtigen die Aromen der verwendeten Zutaten nicht. Sie werden mit kaltem Wasser angerührt. Diese Mischung wird dann in heiße Flüssigkeiten oder heiße Früchte eingerührt. Alles bindet bereits nach einem kurzen Aufkochen. Die Vitamine der Früchte bleiben weitgehend erhalten.
Perlsago (kleine Stärkekügelchen) wird aus stärkereichem Pflanzenmark gewonnen. Beispiele hierfür sind Sagopalme, Tapioka oder Kartoffeln. Es empfiehlt sich, dem Packungsaufdruck zu entnehmen, woraus der Sago gewonnen wurde. Perlsago wird in kalte oder warme Flüssigkeit eingerührt und muß ca. 1/2 Stunde quellen.

Oben links Aprikosengrütze,
oben rechts Basisrezept,
Mitte Orangen-Kiwi-Grütze,
unten links Birnengrütze,
unten rechts Himbeergrütze

BASISREZEPT

Backobst-kompott

- Zubereitungszeit: ca. 40 Min.
- Zeit zum Abkühlen: mind. 1 Std.
- Für 4 Portionen

BASISZUTATEN

125 g ungeschwefelte Backpflaumen ohne Steine
125 g ungeschwefelte getrocknete Aprikosen
400 ml Wasser

1 Das Obst in ein Sieb legen, kalt abbrausen und zusammen mit dem Wasser in einen Topf geben.

2 Das Ganze aufkochen lassen, den Topf schließen und das Backobst bei schwacher Hitze ca. 1/2 Stunde leicht köcheln lassen.

3 Das Kompott eventuell in Dessertschälchen füllen und das Ganze mind. 1 Stunde abkühlen lassen.

REZEPTVARIATIONEN

Einen Teil des angegebenen Obstes, eventuell auch eine ganze Sorte, gegen eine entsprechende Menge getrockneter Datteln, Feigen, Äpfel, Pfirsiche oder Birnen austauschen. Alles sollte ungeschwefelt sein.

REZEPTERWEITERUNGEN

Nach Belieben 1 gestrichenen TL Kartoffel- oder Maisstärke zusammen mit etwas Wasser glattrühren. Die Mischung zum gekochten Kompott geben, alles noch einmal aufkochen, dann abkühlen lassen.

VERWENDUNGSTIPS

Das Kompott ist ein eigenständiges Dessert. Es kann aber auch zu Eis (→ Rezepte S. 99/100) gereicht werden. Die angegebene Menge reicht dann für etwa 8 Portionen. Ebenso gut paßt es als Beilage zu pikanten Gerichten, wie z. B. gebratene Keule oder panierte Wildschnitzel (→ Rezept „Panierte Schnitzel", S. 44).

Basisrezept

BASISREZEPT

Fruchtkaltschale

- Zubereitungszeit: ca. 1/2 Std.
- Zeit zum Kühlen: ca. 3 Std.
- Für 4 Portionen

BASISZUTATEN

1/2 l Wasser

5–6 EL Zucker

100 g Perlsago (→ Hinweis)

600 g frische Sauerkirschen

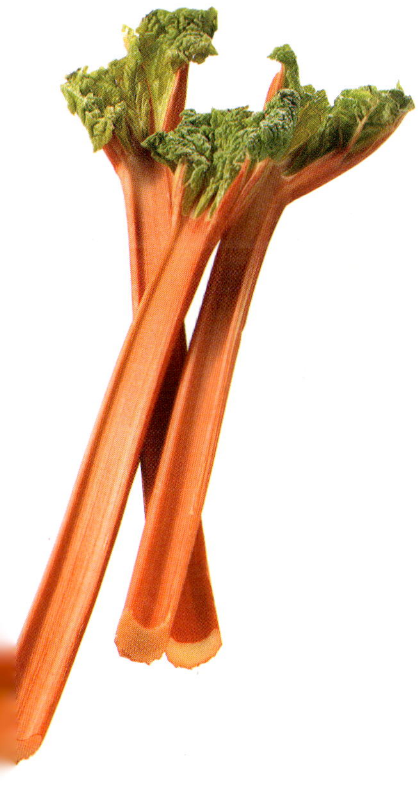

1 Das Wasser aufkochen. Zukker und Sago hineinrühren. Den Topf schließen und alles bei milder Hitze ca. 10 Minuten köcheln lassen.

2 Die Kirschen waschen, entsteinen und in den Topf geben. Alles noch ca. 5 Minuten köcheln lassen. Die Fruchtsuppe in eine Schüssel geben, abdekken und für ca. 3 Stunden in den Kühlschrank stellen.

REZEPTERWEITERUNGEN

Feine Kaltschale
1 Stange Zimt oder Vanille mitköcheln lassen und vor dem Servieren entfernen.

Spritzige Kaltschale
1 unbehandelte Zitrone, Limette oder Orange heiß abwaschen, trockenreiben und die Schale spiralförmig abschälen. Die Zitrusschale mitköcheln lassen und vor dem Servieren entfernen.

REZEPTVARIATIONEN

Statt Wasser als Grundlage für die Kaltschale die gleiche Menge frisch gepreßten Orangensaft oder auch Apfelsaft verwenden.

Statt der Sauerkirschen die gleiche Menge anderes Obst, wie z.B. Birnen, Pfirsiche, Aprikosen oder Pflaumen, verwenden. Die Früchte entsprechend vorbereiten (z. B. schälen, enthäuten, entkernen oder entsteinen), kleinschneiden und mitgaren. Dabei feste Obstsorten wie Äpfel oder Birnen einige Minuten länger köcheln lassen.

Beerenobstkaltschale
Etwa 600 g reife Beeren, wie z. B. Himbeeren, Brombeeren, Erdbeeren, rote oder schwarze Johannisbeeren oder Stachelbeeren, verwenden. Die Beeren verlesen, waschen, gut abtropfen lassen und zum Zukkerwasser geben. Dabei empfindliche Beeren erst am Ende der Kochzeit dazugeben.

Melonenkaltschale
Etwa 600 g Melonenfleisch (z.B. Wasser- oder Honigmelone) von Schale, Kernen und Fasern befreien, kleinschneiden, in das Zuckerwasser geben und ca. 2 Minuten garen.

Rhabarberkaltschale
Etwa 700 g Rhabarber putzen, waschen und in kleine Stücke schneiden. Diese zum Zuckerwasser geben und das Ganze ca. 5 Minuten garen.

PRAKTISCHE TIPS

Stets vollreifes Obst verwenden, dann bekommt die Kaltschale ein besonders intensives Fruchtaroma.

Ist die Kaltschale mal zu stark angedickt, kann sie mit Wasser, Mineralwasser oder frisch gepreßtem Fruchtsaft nach Wahl verdünnt werden.

VERWENDUNGSTIPS

Kaltschale kann zum Dessert, als Vorsuppe oder als Zwischenmahlzeit gereicht werden. An heißen Sommertagen bietet sie auch mal eine erfrischende Hauptmahlzeit. Dann reichen die angegebenen Mengen für 2 bis 3 Portionen aus.

- Zubereitungszeit: ca. 20 Min.
- Zeit zum Abkühlen: ca. 1 Std.
- Für 4 Portionen

BASISZUTATEN

1/2 l Kuhmilch

40 g Kartoffelstärke

100 g Vanillezucker

(→ Rezept S. 138)

Karamelflammeri

BASISREZEPT

Flammeri

1 Alle Zutaten in einen Topf geben und unter ständigem Rühren mit einem Schneebesen aufkochen.

2 Die Masse so lange (ca. 5 Minuten) unter Rühren köcheln lassen, bis sie dicklich ist. Alles in eine Puddingschüssel oder in vier Dessertschüsselchen geben und ca. 1 Stunde abkühlen lassen.

REZEPTVARIATIONEN

Statt Kartoffelstärke kann die gleiche Menge Maisstärke verwendet werden.

Anstelle der Kuhmilch die gleiche Menge Schafs- oder Sojamilch verwenden.

Schokoflammeri
Statt Vanillezucker etwa 80 g Haushaltszucker verwenden. Diesen mit 2 EL Kakao- oder Carobpulver mischen.

Karamelflammeri
Etwa 80 g Zucker in einen Topf geben, unter Rühren so lange vorsichtig erhitzen, bis er schmilzt und goldbraun karamelisiert. Die Milch nach und nach unter die Karamelmasse rühren. Die Stärke mit etwas Wasser glattrühren, unter die Flammerimasse ziehen und diese köcheln lassen, bis sie dicklich ist.

Honigflammeri
Milch und Stärke verrühren, aufkochen, so lange köcheln lassen, bis alles dicklich ist, und dann mit 4 bis 5 EL Wald- oder Tannenhonig süßen.

Tip: Statt Honig eignet sich auch Ahornsirup nach Geschmack.

Nußflammeri
Etwa 100 g gehackte Mandeln, Para-, Pekan-, Wal- oder Haselnüsse oder Pistazien (ungesalzen) in einer trockenen Pfanne kurz anrösten und unter die heiße Flammerimasse ziehen.

REZEPTERWEITERUNGEN

Feiner Flammeri
2 frische Eigelbe verquirlen und unter die dickliche Flammerimasse ziehen. Das Ganze nicht mehr erhitzen.

Sahniger Flammeri
Die fertige Flammerimasse etwas abkühlen lassen. Etwa 100 g süße Sahne steif schlagen und darunterziehen.

REZEPTIDEE

Grießflammeri

Etwa 1/2 l Kuh-, Schafs- oder Sojamilch zusammen mit etwa 80 g Zucker unter Rühren aufkochen. Etwa 60 g feinen Weizengrieß einstreuen und alles unter Rühren so lange kochen, bis die Masse dicklich ist. Alles in vier Dessertschüsselchen verteilen und ca. 1 Stunde auskühlen lassen.
Tips: Nach Belieben 2 frische, verquirlte Eigelbe oder 2 frische, steif geschlagene Eiweiße unter die etwas abgekühlte Flammerimasse heben. Dazu paßt frisches Obst oder Obst aus der Dose (Auswahl nach Verträglichkeit).

VERWENDUNGSTIP

Zu den Flammeris passen Dessertsaucen (→ Rezepte S. 90 bis 91) ganz prima.

BASISREZEPT

Beerensorbet

- Zubereitungszeit: ca. 20 Min.
- Zeit zum Gefrieren: 2–3 Std.
- Für 4–6 Portionen

BASISZUTATEN

500 g frische Brombeeren
160 g Puderzucker

1 Die Brombeeren verlesen, waschen, pürieren und durch ein feinmaschiges Sieb streichen. Den Puderzucker unter das Mus rühren, bis er sich völlig gelöst hat.

2 Die Beeren-Zucker-Masse in eine Metallschüssel geben, mit Alufolie abdecken und in das Tiefkühlfach stellen.

3 Das Ganze 2 bis 3 Stunden gefrieren lassen. Zwischendurch alles mehrfach mit einem Schneebesen sehr kräftig durchrühren.

4 Das Sorbet kurz vor dem Servieren nochmals kräftig durchschlagen und in Dessertschüsselchen füllen.

Brombeersorbet mit Pfefferminze

REZEPTVARIATIONEN

Anstelle der Brombeeren kann die gleiche Menge frische Himbeeren, schwarze oder rote Johannisbeeren, Heidel- oder Erdbeeren verwendet werden.

Fruchtsorbet
Etwa 275 g Äpfel, Birnen, Pfirsiche, Pflaumen, Kirschen oder Honigmelone entsprechend vorbereiten, d. h. waschen, schälen, entkernen bzw. entsteinen und kleinschneiden. Das jeweilige Obst kurz in ganz wenig Wasser weich dünsten, dann pürieren und das Sorbet wie angegeben fertigstellen.

Zitrusfruchtsorbet
Es werden 300 bis 350 ml Zitrussaft benötigt. Dafür eine entsprechende Anzahl Orangen, Zitronen oder rosa Grapefruits auspressen. Den Saft durch ein Sieb geben, zusammen mit dem Zucker (eventuell etwas mehr nehmen) verrühren und das Sorbet wie angegeben fertigstellen.

REZEPTERWEITERUNGEN

Geschmeidiges Sorbet
1 frisches Eiweiß steif schlagen und unter die fertige Fruchtmasse heben.

Feines Sorbet
Etwa 1 TL frisch gehackte Pfefferminze oder Zitronenmelisse gleichmäßig unter das Fruchtmus rühren.

PRAKTISCHE TIPS

Sorbets müssen während des Gefrierens häufig kräftig durchgerührt werden, sonst bilden sich große, harte Eiskristalle, die später den Genuß beeinträchtigen.

Wenn ein Sorbet im voraus zubereitet wurde, sollte es vor dem Servieren ca. 5 Minuten antauen und dann mit einem Pürierstab kräftig aufgeschlagen werden. So wird es schön gleichmäßig.

BASISREZEPT

Fruchtsahneeis

- Zubereitungszeit: ca. 1/4 Std.
- Zeit zum Gefrieren: ca. 4 Std.
- Für 4 Portionen

BASISZUTATEN

2 große reife Bananen

40 g Zucker

200 g süße Sahne

1 Die Bananen schälen, pürieren und zusammen mit dem Zucker verrühren. Die Sahne steif schlagen und vorsichtig darunterheben.

2 Die Bananencreme in eine Metallschüssel füllen. Diese mit Alufolie abdecken und das Ganze im Tiefkühlfach gefrieren lassen.

REZEPTVARIATIONEN

Anstelle der Bananen können etwa 300 g Birnen, Pfirsiche, Aprikosen, Kirschen oder Pflaumen verwendet werden. Das Obst entsprechend vorbereiten, d. h. waschen, schälen oder enthäuten, entkernen oder entsteinen und kleinschneiden. Feste Obstsorten, wie z. B. feste Birnen oder Aprikosen, in ganz wenig Wasser weich dünsten. Das Obst pürieren und das Eis wie angegeben fertigstellen.

Kirschsahneeis

Beerensahneeis
Etwa 300 g frische Himbeeren, Brombeeren, Heidelbeeren, Erdbeeren oder schwarze bzw. rote Johannisbeeren verlesen, waschen, gut abtropfen lassen, pürieren und durch ein Sieb streichen. Das Beerenmus zusammen mit dem Zucker verrühren und das Eis wie angegeben fertigstellen.

Statt der süßen Sahne kann auch etwa 1/4 l Kuh- oder Sojamilch, Kefir, Dickmilch oder Buttermilch verwendet werden (→ Praktische Tips).

REZEPTERWEITERUNGEN

Feines Fruchtsahneeis
Etwas Zitronensaft oder Zimtpulver unter das Fruchtmus rühren (→ Schritt 1).

Cremigeres Parfait
Zunächst 2 frische Eigelbe mit dem Zucker hellcremig schlagen. Das Fruchtpüree daruntermengen und dann die geschlagene Sahne vorsichtig darunterheben.

PRAKTISCHE TIPS

Soll das Milch- oder Sahneeis besonders cremig werden, muß es während des Gefrierens ab und zu kräftig durchgerührt werden.

In einer gut schließenden Gefrierdose hält sich das Eis bis zu 3 Monaten.

BASISREZEPT

Karamelbonbons

- Zubereitungszeit: ca. 40 Min.
- Für ca. 20 Bonbons

BASISZUTATEN

100 g Butter
250 g Zucker
etwas Öl nach Wahl für die Folie

1 Die Butter in einer Kasserolle oder Pfanne zerlassen. Den Zucker dazugeben und alles bei milder Hitze so lange mit einem Holzlöffel verrühren, bis der Zucker goldbraun und flüssig ist. Vorsicht, die Masse ist sehr heiß.

2 Eine eckige Auflaufform (ca. 15 x 15 cm) mit Alufolie auslegen, die Folie gründlich mit Öl bepinseln. Die Karamelmasse darauf geben, etwas abkühlen lassen und sofort in Stücke schneiden. Diese erstarren lassen und von der Folie lösen.

Links Basisrezept, rechts Sahnekaramelbonbons

Haselnußbonbons

REZEPTVARIATION

Die Butter kann gegen die gleiche Menge milchfreie Margarine ausgetauscht werden.

REZEPTERWEITERUNGEN

Sahnekaramelbonbons
Etwa 200 g süße Sahne zusammen mit 200 g Zucker in einen großen Topf geben. Das Ganze bei mittlerer Hitze so lange verrühren, bis es dickflüssig wird. Das dauert ca. 10 Minuten. Die Bonbons wie oben angegeben fertigstellen.

Sahne-Vanille-Bonbons
1 Vanilleschote aufschlitzen, das Mark herauskratzen und unter die Sahne-Zucker-Mischung (→ Sahnekaramelbonbons) rühren.

Nußbonbons
3 bis 4 EL gehackte Mandeln, Hasel-, Wal-, Erd- bzw. Pekannüsse oder Kokosraspeln unter die fertige Karamelmasse rühren.

PRAKTISCHE TIPS

Zum Zerschneiden der Bonbonmasse am besten ein großes, schweres Messer verwenden, welches zwischendurch immer wieder in sehr heißes Wasser getaucht wird.

Die reinen Karamelbonbons (→ Basisrezept) werden sehr hart. Sie eignen sich am besten zum Lutschen. Sahnekaramelbonbons sind weicher.

Selbst gemachte Bonbons sind ein schönes Geschenk. Dafür jedes Bonbon in ein kleines Stückchen Klarsichtfolie einwickeln, nach Belieben mit bunten Bändchen zubinden und dann eine entsprechende Menge in ein dekoratives Glasgefäß geben.

BASISREZEPT

Trockenobstkonfekt

- Zubereitungszeit: ca. 20 Min.
- Für 20 Portionen

BASISZUTATEN

20 ungeschwefelte getrocknete Datteln

150 g Marzipan

(→ Rezept S. 138)

1 Wenn nötig, die Datteln entsteinen.

2 Das Marzipan so lange kneten, bis es weich ist. Jeweils etwas davon in die Datteln füllen und die Früchte wieder in Form drücken.

REZEPTVARIATIONEN

Statt der Datteln etwa die gleiche Anzahl ungeschwefelte getrocknete Pflaumen, Feigen oder Aprikosen mit dem Marzipan füllen. Die Feigen müssen mit einem spitzen Teelöffel etwas ausgehöhlt werden.

Statt des Marzipans kann die gleiche Menge Walnußmarzipan oder Pistazienmasse (→ Rezept „Marzipan", Rezeptvariationen, S. 138) verwendet werden.

PRAKTISCHE TIPS

Das Trockenobstkonfekt kann ca. 2 Wochen aufbewahrt werden. Vorausgesetzt, es ist luftdicht verpackt und wird kühl gelagert.

Das selbst gemachte Konfekt ist ein schönes Mitbringsel. Dafür einige Konfektfrüchte in Klarsichtfolie oder eine Zellophantüte geben. Das Ganze mit verschiedenen bunten Bändchen zubinden.

BASISREZEPT

Makronen

- Zubereitungszeit: ca. 1 Std.
- Für ca. 40 Stück

BASISZUTATEN

200 g Puderzucker

1 Prise Salz

3 frische Eiweiß

200 g getrocknete Kokosraspel

1 Den Zucker sieben und mit dem Salz mischen. Die Eiweiße zu steifem Schnee schlagen, dabei gegen Ende den Zucker nach und nach hineinrieseln lassen. Die Kokosraspel darunterheben.

2 Ein Backblech mit Backpapier belegen. Mit einem Teelöffel kleine Häufchen Makronenmasse darauf setzen. Die Makronen im Ofen bei 150 °C ca. 1/2 Stunde backen.

REZEPTVARIATION

Haferflockenmakronen
Anstelle der Kokosraspel etwa 175 g zarte Haferflocken unter die Eischneemasse heben.

REZEPTERWEITERUNGEN

Gewürzmakronen
Nach Belieben etwas Zimt- oder Ingwerpulver unter die Makronenmasse heben.

Zitrusmakronen
Etwa 1 TL abgeriebene Schale einer unbehandelten Zitrone oder Orange unter die Makronenmasse heben.

Schokoladenmakronen
Die fertigen Makronen abkühlen lassen. Etwa 75 g Schokolade (→ Rezept S. 105) vorsichtig schmelzen lassen, in ein Pergamenttütchen füllen und feine Schokoladenlinien über die Makronen ziehen.

Oben links, Aprikosenkonfekt,
oben Mitte Trockenobstkonfekt,
oben rechts Dattelkonfekt mit Pistazienmasse,
unten links Makronen,
unten Mitte Schokoladenmakronen,
unten rechts Haferflockenmakronen

- Zubereitungszeit: ca. 1 Std.
- Für ca. 30 Stück

BASISZUTATEN

Für den Teig:

2 Eier

2 EL warmes Wasser

60 g Zucker

ca. 10 g Kakaopulver (ca. 2 EL)

Außerdem:

ca. 1/8 l weißen Rum

ca. 4 EL Kakaopulver

BASISREZEPT

Rumkugeln

1 Den Backofen auf 200°C vorheizen. Die Eier zusammen mit dem Wasser und dem Zukker aufschlagen, bis eine dickliche, cremige Masse entsteht. Kakao und Mehl darübersieben und dann locker darunterheben.

2 Eine Kastenform (ca. 25 cm Länge) mit einem Stück Backpapier auslegen. Den Teig hineinfüllen, im Backofen ca. 1/4 Stunde backen und anschließend auskühlen lassen.

3 Den Boden aus der Form nehmen, vom Papier lösen, kleinwürfeln, in eine Schüssel geben und den Rum darüberträufeln. Die Masse gut durchkneten, eventuell noch etwas Rum oder Wasser dazugeben.

4 Aus der Masse etwa walnußgroße Kugeln formen, zwischen den Handflächen glattrollen und etwas zusammendrücken.

5 Das Kakaopulver auf eine Untertasse sieben und die Kugeln darin wenden.

REZEPTVARIATIONEN

Statt Weizenmehl kann die gleiche Menge fein gemahlener Dinkel verwendet werden.

Anstatt Kakao kann die gleiche Menge Carobpulver genommen werden.

Die Kastenform kann mit weicher Butter, milchfreier Margarine oder Öl nach Wahl ausgefettet werden. Auf das Backpapier wird dann verzichtet.

PRAKTISCHE TIPS

Rumkugeln sind ein prima Mitbringsel. Dafür jede Kugel in ein Pralinenförmchen aus Pergament oder Alufolie legen und diese in eine schöne Schachtel setzen.

Die Rumkugeln sind bei kühler Lagerung ca. 1 Woche haltbar.

Basisrezept

BASISREZEPT

Schokolade

- Zubereitungszeit: ca. 20 Min.
- Zeit zum Erstarren: ca. 1/2 Std.
- Für ca. 100 g

BASISZUTATEN

3 Blatt weiße Gelatine
7 EL Wasser
30 g Puderzucker
30 g Kakaopulver

1 Die Gelatine laut Packungsbeschreibung einweichen. Sie dann tropfnaß zusammen mit dem Wasser in einen kleinen Topf geben und bei schwacher Hitze auflösen.

2 Den Puderzucker und das Kakaopulver sieben, mischen und mit der aufgelösten Gelatine verrühren.

3 Nun die Schokoladenmasse etwa 1/2 cm dick auf ein Stück Klarsichtfolie streichen, in ca. 1/2 Stunde erstarren lassen und entsprechend weiterverwenden (→ Verwendungstips).

Nußschokolade

REZEPTVARIATIONEN

Anstelle des Wassers kann die gleiche Menge Kuhmilch genommen werden.

Carobschokolade
Das Kakaopulver kann durch die gleiche Menge Carob ersetzt werden. Dann aber etwas weniger Wasser verwenden.

Statt Gelatine, die aus tierischen Knochen hergestellt wird, kann auch das pflanzliche Agar-Agar verwendet werden. Allerdings ist der Umgang mit diesem Bindemittel etwas anders als mit Gelatine. Bei der Schokoladenherstellung wird wie folgt verfahren:
Etwa 1 TL Agar-Agar mit etwa 1 EL Wasser verquirlen. Dann etwa 100 ml Wasser in einem kleinen Topf aufkochen, das aufgelöste Agar-Agar einrühren und alles ca. 2 Minuten unter Rühren köcheln lassen. Das Ganze anschließend mit einer Mischung aus etwa 60 g Kakao und 60 g Puderzucker (→ Schritt 2) glattrühren.

REZEPTERWEITERUNGEN

Nußschokolade
Etwa 30 g gehackte Mandeln, Pistazien, Hasel-, Erd- oder Walnüsse vor dem Erstarren unter die Schokoladenmasse rühren.

Krokantschokolade
Etwa 30 g Krokant (→ Rezept S. 139) unter die flüssige Schokoladenmasse geben.

Trockenobstschokolade
Etwa 30 g ungeschwefeltes Trockenobst, wie z. B. Datteln, Feigen, Aprikosen, Äpfel oder Pflaumen, in Wasser einweichen, abtropfen lassen, kleinschneiden und sofort unter die noch weiche Schokoladenmasse heben.

VERWENDUNGSTIPS

Schokolade als Süßigkeit genießen, zum Backen verwenden oder zum Verzieren von Gebäck und Dessert nutzen.

BASISREZEPT

Mürbeteig

- Zubereitungszeit: ca. 20 Min.
- Zeit zum Kühlen: mind. 2 Std.
- Für etwa 360 g Teig

BASISZUTATEN

150 g kalte Butterwürfel
170 g Weizenmehl Type 405
40 g Zucker
1 Prise Salz
wenig Weizenmehl zum Ausrollen

1 Alle Zutaten mit den Knethaken des Handrührgerätes oder mit den Händen rasch zu einem glatten Teig verkneten. Diesen in Klarsichtfolie wickeln und für mind. 2 Stunden in den Kühlschrank legen.

2 Den Mürbeteig auf einer leicht bemehlten Arbeitsfläche ausrollen und nach Belieben weiterverarbeiten (z. B. zu Obst- oder Käsekuchenböden).

Links Dinkelmürbeteig, rechts Quinoamürbeteig

REZEPTVARIATIONEN

Dinkelmürbeteig
Statt Weizenmehl kann die gleiche Menge fein gemahlener Dinkel verwendet werden. Der Teig ist anfangs recht feucht, wird während der Ruhezeit jedoch kompakter.

Anstelle der Butter kann die gleiche Menge milchfreie Margarine verwendet werden.

Mürbeteig mit Nüssen
Ein Drittel der Mehlmenge kann durch gemahlene geschälte Mandeln, Hasel- oder Walnüsse ersetzt werden. So wird der Teig knuspriger.

Quinoateig
Etwa 175 g kalte Butter, 250 g gemahlene Quinoakörner (Inkagetreide), 3 EL Wasser, 40 g Zucker und 1 Prise Salz verkneten. Der gebackene Teig fällt leicht auseinander. Für einen besseren Zusammenhalt etwa 1/4 TL pflanzliches Bindemittel (z. B. Johannisbrotkern- oder Guarkernmehl) unter den Teig kneten.

Der Zucker kann durch 3 EL Ahornsirup, Wald- oder Tannenhonig ersetzt werden.

REZEPTERWEITERUNGEN

Mürbeteig mit Ei
Die Zutatenliste kann um 1 kleines frisches Ei oder um 2 frische Eigelbe erweitert werden. Die Menge an Butter oder milchfreier Margarine reduziert sich dann auf 150 g.

Aromatisierter Teig
Etwas Vanillemark oder Zimtpulver unter den Teig kneten.

Pikanter Mürbeteig
Aus 150 g kalten Butterflöckchen, 250 g Weizenmehl Type 405, 3 EL eiskaltem Wasser und 1 Prise Salz einen Mürbeteig herstellen und nach Belieben weiterverarbeiten (z. B. zu pikanten Kuchen oder Knabbergebäck). Statt Weizenmehl kann die gleiche Menge fein gemahlener Dinkel, Reis- oder Kichererbsenmehl genommen werden. Bei den beiden letztgenannten Mehlsorten Buttermenge etwas erhöhen.

Obstboden

Dazu eine Tortenboden- oder Springform (ca. 28 cm ∅) mit Butter oder milchfreier Margarine ausfetten und mit dem ausgerollten Teig auskleiden. Diesen mit einer Gabel mehrmals einstechen und bei 225 °C im vorgeheizten Ofen ca. 1/2 Stunde backen. Den Boden auskühlen lassen und dann mit etwa 500 g vorbereiteten frischen Brombeeren, Himbeeren, Erdbeeren, Heidelbeeren oder mit etwa 750 g frischen Pfirsich- bzw. Nektarinenspalten oder Kiwischeiben belegen. Das Ganze mit Tortenguß (→ Rezept S. 139) überziehen.

Tip: Es können auch etwa 500 g gut abgetropftes Dosenobst (z. B. Aprikosen, Pfirsiche) verwendet werden.

Kokosherzen

Den Teig etwa 1/2 cm dick ausrollen und mit einem Ausstecher kleine Herzen ausstechen. Diese auf ein mit Backpapier belegtes Blech setzen und im vorgeheizten Ofen bei 180 °C ca. 1/4 Stunde backen, dann auskühlen lassen. Aus 200 g Puderzucker und 3 bis 4 EL Wasser einen Guß herstellen. Die Herzen damit bepinseln und sogleich mit etwa 100 g gerösteten Kokosraspeln bestreuen.

PRAKTISCHE TIPS

Der Teig gelingt noch besser, wenn er 2 bis 3 Tage im Kühlschrank geruht hat.

Tiefgefroren hält sich der Mürbeteig ca. 1/2 Jahr.

Mürbeteigböden mit hohem Teigrand werden zunächst blind gebacken, damit der Rand nicht abrutscht. Dafür eine ausgefettete Spring- oder Tarteform mit dem Teig auskleiden und mit einem passenden kreisrunden Stück Backpapier belegen. Dann das Ganze mit getrockneten Hülsenfrüchten, Getreidekörnern, Reis oder kleinen Glasmurmeln beschweren. Den Boden ca. 1/4 Stunde im vorgeheizten Ofen bei ca. 180 °C backen. Papier samt Belag entfernen.

Oben Erdbeerboden mit Dinkel, unten Kokosherzen mit Dinkel

BASISREZEPT

Rührteig

- Zubereitungszeit: ca. 20 Min.
- Backzeit: ca. 50 Min.
- Für 1 Rührkuchen

BASISZUTATEN

Für den Teig:

250 g weiche Butter
5 frische Eier (Gewichtsklasse 2)
250 g Zucker
1 Prise Salz
350 g Weizenmehl Type 405

Außerdem:

etwas Butter für die Form
etwas Puderzucker zum Bestäuben

1 Die Butter mit den Quirlen des Handrührgerätes schaumig schlagen. 4 Eier trennen. Zwei Drittel des Zuckers, das Salz und die Eigelbe nach und nach dazugeben. Alles cremig rühren, dann das übrige Ei darunterrühren. Den Ofen auf 180 bis 200 °C vorheizen.

2 Das Mehl gründlich unter die Masse rühren. Die Eiweiße steif schlagen, dabei den restlichen Zucker einrieseln lassen. Ein Drittel des Eischnees unter den Teig rühren, den Rest mit einem Kochlöffel vorsichtig unterheben.

3 Eine Kastenform (ca. 28 cm Länge) ausfetten und den Teig hineinfüllen. Nun den Kuchen auf der mittleren Schiene ca. 50 Minuten backen, auskühlen lassen, aus der Form stürzen und mit Puderzucker bestäuben.

REZEPTVARIATIONEN

Dinkelrührteig
Das Weizenmehl kann gegen die gleiche Menge fein gemahlenen Dinkel ausgetauscht werden.

Statt der Butter kann die gleiche Menge milchfreie Margarine verwendet werden.

Sandkuchen
Die Hälfte des Mehles durch Mais-, Weizen- oder Kartoffelstärke ersetzen.

REZEPTERWEITERUNGEN

Ein Rührteigkuchen geht noch besser auf, wenn 1 bis 2 TL Weinsteinbackpulver unter das Mehl gemischt werden.

Früchtekuchen
Etwa 200 g ungeschwefelte Rosinen bzw. Korinthen oder andere Sorten kleingeschnittenes ungeschwefeltes Trockenobst (z. B. Pflaumen, Aprikosen, Datteln, Feigen) unter den Teig heben (→ Schritt 2). Den Früchtekuchen wie angegeben backen.

Nußkuchen
Etwa 200 g gehackte Mandeln, Para-, Pekan-, Wal- oder Haselnüsse oder 100 g Kokosraspel unter den Teig heben (→ Schritt 2). Den Kuchen wie angegeben backen.

Marmorkuchen
Die Hälfte des Teiges mit 3 EL gesiebtem Kakao- oder Carobpulver verrühren (→ Schritt 2). Beide Teige in die Form füllen und mit einer Gabel vorsichtig verrühren, so daß ein Marmormuster entsteht. Den Kuchen wie angegeben backen.

Obstkuchen
2 Äpfel, 2 Birnen, 1 bis 2 Bananen, 2 Pfirsiche oder 5 Aprikosen schälen bzw. enthäuten, kleinschneiden und unter den Teig heben (→ Schritt 2). Den Obstkuchen wie angegeben backen.

REZEPTIDEEN

Blechkuchen mit Obst

Den Teig mit 3 EL gesiebtem Kakao- oder Carobpulver verrühren (→ Schritt 2) und auf ein mit Backpapier belegtes Backblech streichen. Etwa 1,5 kg Birnen, Äpfel, Mandarinen, Süß- oder Sauerkirschen, Pfirsiche oder Aprikosen waschen, schälen bzw. enthäuten, vierteln, entkernen bzw. entsteinen, in Spalten schneiden bzw. teilen und leicht in den Teig drücken. Den Kuchen im vorgeheizten Ofen bei 200 °C ca. 40 Minuten backen. *Tip:* Es kann etwa 1 kg gut abgetropftes Dosenobst (z. B. Aprikosen, Pfirsiche, Mandarinen) genommen werden.

Aprikosen- oder Pfirsichtörtchen

Etwa 1 kg Aprikosen oder Pfirsiche waschen, halbieren, entsteinen und in Spalten schneiden. Den fertigen Teig (→ Basisrezept) in Papierförmchen geben und die Fruchtspalten vorsichtig in den Teig drücken. Die Törtchen auf ein Blech stellen und im vorgeheizten Backofen bei 200 °C ca. 1/2 Stunde backen.

Oben Blechkuchen mit Birnen, Mitte Marmorkuchen, unten Aprikosentörtchen

Zitruskuchen

Abgeriebene Schale von 1 unbehandelten Zitrone oder Orange und 2 EL Zitronen- bzw. Orangensaft unter den Teig rühren (→ Schritt 2). Den Kuchen wie angegeben backen und auskühlen lassen. Einen Guß aus 200 g Puderzucker und 3 bis 4 EL Zitronen- bzw. Orangensaft herstellen und auf den Kuchen streichen.

- Zubereitungszeit: ca. 20 Min.
- Backzeit: ca. 40 Minuten
- Für 1 Biskuitboden

BASISZUTATEN

6 Eier

170 g Zucker

6 EL warmes Wasser

180 g Weizenmehl Type 405

BASISREZEPT

Biskuitteig

1 Den Backofen auf 175 °C vorheizen. Die Eier trennen und die Eiweiße zu steifem Schnee schlagen, dabei etwa 75 g Zucker einrieseln lassen.

2 Die Eigelbe mit dem Wasser und dem restlichen Zucker zu einer hellen, cremigen Masse aufschlagen. Den Eischnee darauf setzen, das Mehl darübersieben und alles mit einem Teigschaber vorsichtig vermischen.

3 Den Boden einer Springform (24 oder 26 cm ø) mit Backpapier auslegen, den Teig hineinfüllen und im Ofen auf mittlerer Schiene ca. 40 Minuten backen, auskühlen lassen und aus der Form lösen.

4 Den Biskuit mit einem scharfen Messer (lange Klinge) oder mit einem Zwirnsfaden in 3 gleiche Tortenböden aufschneiden. Diese nach Belieben füllen (→ Rezeptideen).

REZEPTVARIATIONEN

Statt Weizenmehl kann die gleiche Menge fein gemahlener Dinkel oder Buchweizen oder Kartoffelstärke verwendet werden. Besonders gut schmeckt eine Mischung aus Buchweizenmehl und Kartoffelstärke zu gleichen Teilen. Die Zubereitung bleibt gleich.

Feiner Biskuit
Die Hälfte des Weizenmehls durch Mais- oder Kartoffelstärke ersetzen. Beides möglichst über den Eischnee (→ Schritt 2) sieben.

Nußbiskuit
Bis zu zwei Drittel des Mehls durch gemahlene Haselnüsse, Mandeln oder Walnüsse ersetzen. Mehl und Nüsse gemeinsam unterheben (→ Schritt 2).

Schokoladenbiskuit
Etwa ein Viertel des Mehls durch Kakao- oder Carobpulver ersetzen. Beides über den Eischnee (→ Schritt 2) sieben.

REZEPTERWEITERUNGEN

Aromatisierter Biskuit
Etwas abgeriebene Schale einer unbehandelten Zitrone oder Orange, das Mark einer Vanilleschote oder etwas Zimt mit den Eigelben (→ Schritt 2) verrühren.

Wiener Biskuit
50 g zerlassene Butter oder milchfreie Margarine unter den Teig rühren, bevor der Eischnee untergehoben wird.

REZEPTIDEEN

Fruchtige Sahnetorte

Etwa 500 g frische Beeren (z. B. Himbeeren, Heidelbeeren, Erd- oder Stachelbeeren) verlesen, putzen, waschen und gut abtropfen lassen. Dann etwa 750 g süße Sahne zusammen mit 3 EL Zucker steif schlagen. Etwa die Hälfte der Sahne auf 2 der 3 Biskuitböden (→ Schritt 4) streichen und die Beeren darauf verteilen. Dabei einige Früchte zur Dekoration zurückbehalten. Die Böden zu einer Torte zusammensetzen. Diese mit der übrigen Sahne bestreichen und mit den Beeren verzieren.
Tip: Es können auch etwa 500 g gut abgetropftes Dosenobst verwendet werden.

Oben Süße Biskuitrolle, Mitte Himbeersahnetorte, unten Heidelbeeromelett

Süße Biskuitrolle

Den Teig auf ein mit Backpapier belegtes Blech streichen und bei 175 °C im vorgeheizten Ofen ca. 1/4 Stunde backen. Den Boden sofort nach dem Backen auf ein mit etwas Zukker bestreutes Geschirrtuch stürzen, das Papier eventuell etwas anfeuchten und rasch abziehen. Den Biskuitboden zusammen mit dem Tuch aufrollen und auskühlen lassen. Ihn anschließend auseinanderrollen, mit etwa 400 g Konfitüre (→ Rezepte S. 122/123) bestreichen und erneut möglichst fest aufrollen.
Für eine sahnige Biskuitrolle etwa 300 g süße Sahne steif schlagen und auf die Konfitüre streichen.

Biskuitomeletts

Jeweils 3 bis 4 EL Teig auf ein mit Backpapier belegtes Blech geben und etwas flachstreichen. Dabei ausreichend Abstand zwischen den Portionen lassen. Das Ganze im vorgeheizten Ofen bei 175 °C knapp 10 Minuten backen. Die Omeletts auf ein mit etwas Zucker bestreutes Geschirrtuch stürzen, das Backpapier eventuell etwas anfeuchten und rasch abziehen. Die Biskuitomeletts mit Hilfe des Tuches zusammenklappen. Den restlichen Teig ebenso verarbeiten.

Zum Füllen etwa 300 g frische Himbeeren, Brombeeren, Heidel- oder Erdbeeren verlesen, putzen, waschen und gut abtropfen lassen. Etwa 600 g süße Sahne steif schlagen, mit Vanillezucker (→ Rezept S. 138) aromatisieren, dann die Beeren daruntermischen. Nun die Omeletts vorsichtig mit der Beerensahne füllen.
Anstelle der Beeren kann etwa die gleiche Menge kleingeschnittene Früchte, wie z. B. Äpfel, Birnen, Bananen, Pfirsiche, Aprikosen verwendet werden.
Das angegebene Rezept ergibt etwa 15 fruchtige Biskuitomeletts.

PRAKTISCHE TIPS

Die Teigmenge reicht auch für ein Backblech (→ Rezeptideen) aus. Für einen flachen Tortenboden (z. B. einen Obstboden) die Zutatenmengen einfach halbieren.

Bei einem Biskuit ist es wichtig, die Backform stets gut auszufetten oder mit Backpapier auszulegen, sonst kommt der Kuchen nicht heil heraus.

Biskuitteige sollten stets sofort nach dem Anrühren im vorgeheizten Ofen abgebacken werden, sonst fällt der Eischnee wieder zusammen, der Teig geht dann nicht richtig auf.

BASISREZEPT

Süßer Hefeteig

- Zubereitungszeit: ca. 1/2 Std.
- Zeit zum Gehen: ca. 1 Std.
- Für 1 Blechkuchen

BASISZUTATEN

Für den Teig:

ca. 20 g frische Hefe (ca. 1/2 Würfel)

2 EL Zucker

ca. 1/8 l lauwarmes Wasser

250 g Weizenmehl Type 405

1 Prise Salz

75 g Butter

Außerdem:

etwas Weizenmehl zum Ausrollen

etwas Butter für das Blech

1 Die Hefe zerbröckeln, zusammen mit dem Zucker in das Wasser geben und alles glattrühren.

2 Das Mehl in eine Schüssel sieben, eine Mulde hineindrücken, die Hefe-Wasser-Mischung hineingießen und mit etwas Mehl bestäuben. Alles zudecken und an einem warmen Ort ca. 10 Minuten gehen lassen.

2 Das Salz und das Fett zum Vorteig geben und alles zu einem geschmeidigen Teig verkneten. Diesen zudecken und dann an einem warmen Ort in ca. 3/4 Stunde zu doppeltem Volumen aufgehen lassen.

4 Den Backofen auf 200°C vorheizen. Den Hefeteig nochmals durchkneten und auf einer leicht bemehlten Arbeitsfläche ausrollen. Ein Blech einfetten, mit dem Teig belegen, diesen entsprechend weiterverarbeiten (→ Rezeptideen) und ca. 1/2 Stunde backen.

Rhabarberkuchen

Dinkelhefeteig

REZEPTVARIATIONEN

Anstelle der Butter kann die gleiche Menge milchfreie Margarine genommen werden.

Dinkelhefeteig
Statt Weizenmehl kann die gleiche Menge fein gemahlener Dinkel verwendet werden.

Hefeteig mit Ei
Zusammen mit dem Fett kann 1 Ei unter den Teig geknetet werden. Die Fettmenge dann auf 25 g reduzieren.

Hefeteig mit Milch
Statt Wasser kann die gleiche Menge Kuhmilch verwendet werden.

REZEPTIDEEN

Obstkuchen

Etwa 1,5 kg Rhabarber, Äpfel, Birnen, Quitten, Zwetschgen oder Aprikosen waschen, schälen bzw. entsteinen, in Stücke oder Spalten schneiden bzw. halbieren und den Kuchen damit belegen. Den Hefekuchen dann wie angegeben backen.

REZEPTERWEITERUNGEN

Den Hefekuchen vor dem Backen mit etwa 75 g gestifteten Mandeln, gehobelten Hasel- oder Paranüssen oder 100 g Kokosraspeln bestreuen.

- Zubereitungszeit: ca. 3/4 Std.
- Ruhezeit: mind. 2 Std.
- Backzeit: 10–15 Min.
- Für ca. 36 Stück

BASISZUTATEN

Für den Teig:

250 g Speisequark (20 % Fett i.Tr.)

250 g kalte Butter

250 g Weizenmehl Type 405

Für die Füllung:

ca. 250 g Konfitüre nach Wahl (→ Rezepte S. 122 bis 123)

Außerdem:

etwas Weizenmehl zum Ausrollen

etwas Butter für das Backblech

BASISREZEPT

Quarkzipferl

1 Den Quark in ein feinmaschiges Sieb geben, gut abtropfen lassen, in eine Schüssel geben und zusammen mit der Butter und dem Mehl mit den Knethaken des Handrührgerätes rasch zu einem glatten Teig verkneten. Diesen zugedeckt mind. 2 Stunden im Kühlschrank ruhen lassen.

2 Den Backofen auf 250 °C vorheizen. Den Teig auf einer bemehlten Fläche etwa 3 mm dünn ausrollen, in 10 x 10 cm große Quadrate schneiden und diese diagonal halbieren.

3 Je 1 gestrichenen TL Konfitüre etwa in die Mitte eines Dreiecks setzen. Jeweils eine spitze Teigecke zur gegenüberliegenden falten, die Ränder der entstandenen Teigtasche festdrücken. Alle Teigdreiecke auf diese Weise verarbeiten.

4 Ein Blech einfetten, die Zipferl darauf setzen und im Ofen 10 bis 15 Minuten backen.

REZEPTVARIATIONEN

Buchweizen-Quark-Teig
Statt Weizenmehl kann die gleiche Menge fein gemahlener Buchweizen verwendet werden. Den Quark dann nicht abtropfen lassen, denn Buchweizenmehl braucht etwas mehr Feuchtigkeit.

Maismehlzipferl
Etwa 220 g feines Maismehl mit 250 g kalter Butter und 260 g Speisequark verkneten. Das Gebäck wie angegeben fertigstellen.

Nußzipferl
Statt der Konfitüre 200 g gemahlene Mandeln oder Haselnüsse mit etwas weißem Rum zu einer dicklichen Masse anrühren. Diese auf die Teigdreiecke verteilen.

Trockenobstzipferl
Etwa 200 g getrocknete, ungeschwefelte Datteln oder Feigen kleinschneiden und die Quarkzipferl damit füllen.

Pikantes Käsegebäck
Zipferl mit etwa 175 g kleingewürfeltem Gouda, Emmentaler oder Schafskäse füllen.

Pikantes Gemüsegebäck
Etwa 250 g Gemüse, wie z. B. Möhren, Lauch, Paprika, Zucchini, als Füllung verwenden. Das Gemüse entsprechend putzen, waschen, kleinwürfeln, in wenig Wasser bißfest garen und abschmecken. Passende Kräuter und Gewürze sind gemahlener weißer Pfeffer, edelsüßes Paprikapulver, getrockneter Thymian, Oregano.

Pikantes Gemüsegebäck

PRAKTISCHER TIP

Der Quarkteig wird auch „falscher Blätterteig“ genannt. So kann er für fast alle süßen und pikanten Blätterteigbackrezepte verwendet werden.

BASISREZEPT

Baisertorte

- Zubereitungszeit: ca. 25 Min.
- Zeit zum Trocknen: ca. 4 Std.
- Für 12 Stücke

BASISZUTATEN

4 frische Eiweiß

1 Prise Salz

220 g feiner Zucker

500 g frische Himbeeren

1 Die Eiweiße und das Salz in einer großen Schüssel verquirlen und zu sehr steifem Schnee schlagen. Dabei nach und nach den Zucker einrieseln lassen. Den Backofen auf 75 °C vorheizen.

2 Den Eischnee in einen Spritzbeutel füllen, einen runden Baisertortenboden (von ca. 24 cm ø) auf ein mit Backpapier belegtes Blech spritzen. Mit dem restlichen Eischnee Rosetten auf den Rand des Bodens spritzen.

3 Den Boden im Backofen ca. 4 Stunden trocknen lassen. Dabei einen Holzlöffelstiel in der Ofentür einklemmen, damit die Feuchtigkeit entweichen kann. Den Boden anschließend auskühlen lassen.

4 Inzwischen die Himbeeren verlesen, waschen und gut abtropfen lassen. Kurz vor dem Servieren die Beeren auf dem Baiserboden verteilen.

Basisrezept

REZEPTVARIATIONEN

Anstelle der Himbeeren können die gleiche Menge frische Brombeeren, Heidelbeeren, Erd- oder Stachelbeeren verwendet werden.

Obsttorte

Auch 400 bis 500 g gut abgetropftes Dosenobst (z. B. Aprikosen, Ananas, Pfirsiche, Feigen, Litschis oder Mandarinen) eignen sich zum Belegen.

REZEPTERWEITERUNG

Sahnetorte

Etwa 500 g Sahne steif schlagen, dabei etwas Vanillemark oder Vanillezucker (→ Rezept S. 138) dazugeben. Einen Teil der vorbereiteten Beeren daruntermischen. Die Beerensahne auf den Boden streichen und die Torte mit den restlichen Beeren verzieren. Mit Dosenobst (→ Rezeptvariationen) ebenso verfahren.

PRAKTISCHER TIP

Die Baisermasse eignet sich auch zum Backen kleiner Törtchen oder Plätzchen. Diese können wie im Basisrezept und in der Rezepterweiterung beschrieben belegt oder gefüllt werden.

BASISREZEPT

Süßer Gemüsekuchen

- Zubereitungszeit: ca. 1/2 Std.
- Backzeit: ca. 35 Min.
- Für 12 Stücke

BASISZUTATEN

200 g Möhren
4 Eier
200 g Zucker
3 EL heißes Wasser
200 g gemahlene Mandeln
etwas milchfreie Margarine für die Form
etwas Puderzucker zum Bestreuen

1 Den Backofen auf 200°C vorheizen. Die Möhren putzen, waschen und fein reiben.

2 Die Eier trennen. Die Eiweiße steif schlagen, dabei die Hälfte des Zuckers einrieseln lassen. Die Eigelbe mit dem restlichen Zucker und dem Wasser zu einer hellen, cremigen Masse aufschlagen.

3 Die Mandeln und die Möhren daruntermengen, dann den Eischnee vorsichtig darunterheben.

3 Eine Springform (ca. 26 cm ∅) gut ausfetten und den Teig hineinfüllen. Den Kuchen im Ofen ca. 35 Minuten backen, auskühlen lassen, aus der Form nehmen und mit Puderzucker bestäuben.

REZEPTVARIATIONEN

Zucchinikuchen
Anstelle der Möhren die gleiche Menge kleine, feste Zucchini verwenden. Die Zucchiniraspel in ein Geschirrtuch geben und gut ausdrücken.

Die Mandeln können durch die gleiche Menge gemahlene Haselnüsse ersetzt werden.

REZEPTERWEITERUNG

Kuchen mit Verzierung
Etwa 250 g Puderzucker zusammen mit 3 bis 4 EL heißem Wasser verrühren. Den Guß auf den Kuchen streichen. Nach Belieben Marzipanmöhren herstellen (→ Rezept „Marzipan“ S. 138), diese mit Rote-Bete- oder Kirschsaft einfärben und auf den Gemüsekuchen setzen.

Basisrezept

BASISREZEPT

Sauerteigbrot

- Zubereitungszeit: ca. 3/4 Std.
- Zeit zum Gären: 4–5 Tage
- Zeit zum Gehen: ca. 2 Std.
- Backzeit: ca. 1 Std.
- Für 1 Brot (ca. 800 g)

BASISZUTATEN

Für den Sauerteigansatz:

300 g Roggenbackschrot Type 1800

1/2 l warmes Wasser

Für das Brot:

ca. 350 g Roggenbackschrot Type 1800

1/8 l handwarmes Wasser

1 TL Salz

1 Etwa 100 g Roggenschrot mit etwa 200 ml Wasser zu einem Brei verrühren. Diesen zudecken und an einem mäßig warmen Ort (möglichst konstant 22 °C) 2 Tage stehen lassen. Den Ansatz beobachten.

2 Zeigen sich viele Bläschen und ist ein leicht säuerlicher Geruch entstanden, weitere 100 g Schrot und etwa 150 ml Wasser dazugeben. Das Ganze gründlich vermengen, zudekken und wieder 1 Tag am warmen Ort stehen lassen.

3 Nun das restliche Schrot und das restliche Wasser unter den Ansatz arbeiten, alles abdecken und 1/2 weiteren Tag am warmen Ort gären lassen.

4 Die Hälfte des Sauerteigansatzes in einer Schüssel mit etwa 300 g Schrot, dem Wasser und dem Salz verrühren. Alles durchkneten. Dabei noch soviel Schrot unterarbeiten, bis der Teig feucht, aber gut formbar ist. Den restlichen Sauerteigansatz aufbewahren (→ Praktische Tips).

5 Den Teig zu einem Laib formen, auf ein mit Backpapier belegtes Blech setzen und an einem warmen Ort ca. 2 Stunden gehen lassen.

6 Den Backofen auf 250 °C vorheizen. Eine feuerfeste Schüssel mit heißem Wasser unten in den Ofen stellen. Das Brot auf mittlerer Schiene ca. 10 Minuten backen, dann die Temperatur auf 200 °C herunterschalten und das Ganze in ca. 40 Minuten fertigbacken.

REZEPTERWEITERUNGEN

Gewürzbrot

Etwas Kardamom-, Ingwer-, Kreuzkümmel-, Kümmel-, Koriander-, Fenchel-, Anis- oder Safranpulver unter den Teig kneten (→ Schritt 4).

Speckbrot

Etwa 150 g durchwachsenen Schweinespeck kleinwürfeln, in einer beschichteten Pfanne auslassen und unter den Teig geben (→ Schritt 4).

Zwiebelbrot

2 bis 3 mittelgroße Zwiebeln schälen, grob würfeln, in etwa 1 EL Butter oder milchfreier Margarine glasig dünsten, abkühlen lassen und unter den Teig geben (→ Schritt 4).

PRAKTISCHE TIPS

Roggenbrot wird mit Sauerteig gebacken. Hefe reicht als Lockerungsmittel nicht aus, denn Roggenteig ist zu schwer und geht ohne die Treibkraft des Sauerteiges nicht auf.

Damit der Teigansatz wirklich warm genug steht, bereitet man ihn am besten in einer großen Schüssel zu, deckt diese mit einem Teller ab und wickelt sie in eine Wolldecke.

Ein Sauerteigansatz, der ausschließlich aus Roggenmehl und Wasser hergestellt wird, schimmelt leicht. Deshalb das Ganze stets genau kontrollieren. Sicherer und einfacher gelingt der Ansatz, wenn etwa 1 EL Essigessenz und 1 EL Zuckerrübensirup daruntergemengt wird.

Der Sauerteigansatz läßt sich in einem sauberen Schraubdeckelglas im Kühlschrank ca. 2 Wochen aufbewahren. Tiefgefroren hält sich der Ansatz ca. 2 Monate.

Die angegebenen Mengen für den Sauerteig (→ Basisrezept) reichen für etwa 2 Brote. Danach muß ein neuer Ansatz hergestellt werden.
So geht es einfacher: Beim Brotbacken jeweils ein Stück rohen Teig zurückbehalten, in ein Schraubdeckelglas geben und im Kühlschrank aufbewahren. Beim nächsten Backen den Teigrest mit Wasser, Mehl und Salz zu einem Brotteig verarbeiten (→ Schritt 4).

Das Brot kann auch in einer mit Backpapier ausgelegten Kastenform (ca. 25 cm Länge) oder in Peddigrohrformen gebacken werden.

Sauerteigbrote stets zuerst bei sehr starker Hitze backen, damit sie eine schöne Kruste bekommen.

Sauerteigbrötchen
Den Teig wie im Basisrezept beschrieben zubereiten. Den Ofen auf 225 °C vorheizen. Aus dem Teig Brötchen formen. Diese auf ein mit Backpapier belegtes Blech setzen und ca. 25 Minuten backen.

Rechts Speckbrot, links Basisrezept

HINWEIS
Zum Backen von Brot und den meisten Kuchen ist ein bestimmter Bestandteil im Mehl ganz besonders wichtig, das Gluten oder Klebereiweiß. Es macht die Teige elastisch, bindet Flüssigkeit, hält die mit Hilfe der Backtriebmittel freiwerdenden Gase fest und sorgt für die Teigfestigkeit bei Brot und Gebäck. Glutenhaltige Mehlsorten sind Weizen, Dinkel, Grünkern, Roggen, Gerste und Hafer.
Nun gibt es Patienten, die leiden an einer erblich bedingten Überempfindlichkeit ihres Dünndarms gegenüber dem Klebereiweiß. Ihre Krankheit, die Zöliakie oder Sprue, gehört nicht in die Gruppe der allergischen Erkrankungen. Ist die Diagnose eindeutig, d. h. es liegt keine übliche Mehlallergie vor, muß eine glutenfreie Diät eingehalten werden.
Stärkehaltige, aber glutenfreie Lebensmittel sind z. B. Kartoffeln, Reis, Mais, Hirse, Buchweizen, Amaranth, Kastanien oder Sojabohnen sowie die aus diesen Nahrungsmitteln hergestellten Mehlsorten. Darüber hinaus gibt es im Reformhaus glutenfreie Spezialmehlmischungen. Rezeptbeispiele (z. B. für Brot und Brötchen) finden sich meist auf den Packungen.
Reines Stärkemehl enthält kein Klebereiweiß.

BASISREZEPT

Hefeteigbrot

- Zubereitungszeit: ca. 1/2 Std.
- Zeit zum Gehen: ca. 1 1/4 Std.
- Backzeit: ca. 35 Min.
- Für 1 Brot (ca. 850 g)

BASISZUTATEN

ca. 30 g frische Hefe
1 gestr. TL Zucker
ca. 300 ml lauwarmes Wasser
500 g Weizenmehl Type 405
4 TL Salz
3 EL Öl nach Wahl

1 Aus den Zutaten entsprechend der Zubereitungsanweisung zum Grundrezept „Süßer Hefeteig" (→ S. 112) einen Hefeteig herstellen.

2 Den Backofen auf 250 °C vorheizen. Eine feuerfeste Schüssel mit kochendem Wasser unten in den Ofen stellen.

3 Den Teig nochmals durchkneten und zu einem Laib formen. Diesen auf ein mit Backpapier belegtes Backblech setzen und nochmals an einem warmen Ort ca. 1/4 Stunde gehen lassen.

4 Das Brot ca. 20 Minuten backen. Dann die Wasserschüssel aus dem Ofen nehmen, die Temperatur auf 200 °C herunterschalten und das Brot noch ca. 1/4 Stunde weiterbacken.

REZEPTVARIATIONEN

Dinkelbrot
Statt Weizenmehl kann die gleiche Menge fein gemahlener Dinkel verwendet werden. Der Teig ist anfangs etwas feucht, das Mehl quillt jedoch später stark aus.

Anstelle des Öles kann die gleiche Menge zerlassene Butter oder milchfreie Margarine genommen werden.

Lockeres Brot
Das Brot geht noch besser auf, wenn anstelle des Wassers die gleiche Menge Kuhmilch, Buttermilch oder Kefir genommen wird. Die Flüssigkeiten vorab leicht erwärmen.

REZEPTERWEITERUNGEN

Den Brotlaib vor dem Backen mit etwas Wasser bepinseln und mit Kümmel, Lein-, Sesam- oder Mohnsamen bestreuen. Das Ganze jeweils etwas festdrücken.

Sonnenblumen- oder Kürbisbrot
Etwa 5 EL geschälte Sonnenblumen- oder Kürbiskerne gleich zu Beginn unter den Teig kneten (→ Schritt 1). Dann das Brot wie oben angegeben fertigstellen.

Speckbrot
Etwa 150 g durchwachsenen Schweinespeck kleinwürfeln, in einer Pfanne knusprig ausbraten und unter den bereits gegangenen Teig kneten. Das Brot wie oben beschrieben fertigbacken.

Kräuter- oder Gewürzbrot
Etwa 3 TL getrockneten Thymian oder Majoran oder etwa 3 TL fein gehackte Fenchel- bzw. Kümmelsamen gleich zu Beginn unter den Teig kneten (→ Schritt 1). Das Brot wie oben angegeben zubereiten und backen.

Kürbisbrot

Sonnenblumenbrot

Fenchelbrot

PRAKTISCHE TIPS
Klingt es hohl, wenn man mit einem Finger gegen die Unterseite des Brotes klopft, ist es durchgebacken.

Hefeteigbrötchen
Den Teig wie im Basisrezept bzw. wie in den Variationen beschrieben zubereiten. Den Ofen auf 200 °C vorheizen. Aus dem Teig Brötchen formen. Diese auf ein mit Backpapier belegtes Backblech setzen und ca. 20 Minuten backen.

BASISREZEPT

Kartoffelfladen

- Zubereitungszeit: ca. 1 Std.
- Backzeit: ca. 20 Min.
- Für 4 Stück

BASISZUTATEN

400 g mehligkochende Kartoffeln
4 – 5 EL Öl nach Wahl (vorzugsweise Olivenöl)
75 g Weizenmehl Type 405
1 TL Salz

1 Die Kartoffeln gründlich waschen, in Wasser garen, etwas abkühlen lassen, pellen und noch heiß durch eine Kartoffelpresse drücken. Den Kartoffelschnee abkühlen lassen. Den Backofen auf 200 °C vorheizen.

2 Etwa 3 EL Öl, Mehl und Salz zum Kartoffelschnee geben und alles zu einem glatten Teig verkneten. Diesen in 4 Portionen teilen.

3 Die Teigportionen auf ein mit Backpapier belegtes Backblech setzen und zu flachen Fladen formen. Sie mit Öl bepinseln und im Ofen ca. 20 Minuten backen.

Basisrezept

Käsefladen mit Emmentaler

REZEPTVARIATIONEN

Statt Weizenmehl kann die gleiche Menge fein gemahlener Dinkel oder gemahlene Quinoakörner (Inkagetreide) verwendet werden.

Anstelle des Öles kann auch die gleiche Menge zerlassene Butter oder milchfreie Margarine genommen werden.

REZEPTERWEITERUNGEN

Knusprige Fladen
Die Fladen nach der Hälfte der Backzeit mit etwas süßer Sahne bepinseln und wie angegeben fertigbacken.

Kräuterfladen
Etwa 1 TL getrockneten Majoran, Rosmarin oder Thymian unter den Kartoffel-Mehl-Teig kneten (→ Schritt 2).

Speck-Zwiebel-Fladen
Etwa 100 g durchwachsenen Schweinespeck sowie etwa 100 g Zwiebeln kleinwürfeln. Den Speck auslassen, dann die Zwiebelwürfel im ausgetretenen Fett glasig werden lassen. Die Speck-Zwiebel-Mischung unter den Kartoffelteig kneten (→ Schritt 2).

Käsefladen
Die Fladen nach der Hälfte der Backzeit mit etwas süßer Sahne bepinseln, mit etwa 75 g geriebenem Emmentaler, Gouda oder zerbröckeltem Schafskäse belegen und fertigbacken. Auf das Bepinseln mit Olivenöl (→ Schritt 3) kann verzichtet werden.

PRAKTISCHER TIP

Die Fladen schmecken frisch gebacken natürlich am besten. Der Teig läßt sich allerdings gut einige Stunden vor dem Abbacken zubereiten. Er sollte kühl stehen.

VERWENDUNGSTIP

Die Fladen bieten sich zum Abendessen oder als Beilage zum Salatteller an.

BASISREZEPT

Getreidefladen

- Zubereitungszeit: ca. 20 Min.
- Ruhezeit: ca. 1/4 Std.
- Backzeit: ca. 10 Min.
- Für 4 Stück

BASISZUTATEN

ca. 250 g fein gemahlener Dinkel
1 TL Salz
3 EL Öl nach Wahl (vorzugsweise Olivenöl)
100 ml lauwarmes Wasser

1 Die Zutaten zu einem glatten Teig verrühren. Diesen ca. 1/4 Stunde ruhen lassen. Inzwischen den Backofen auf 250 °C vorheizen.

2 Den Teig gut durchkneten. Sollte er zu feucht sein, noch 1 bis 2 TL feines Dinkelmehl dazugeben.

3 Den Teig dann in 4 Portionen teilen. Diese auf ein mit Backpapier belegtes Backblech setzen und zu dünnen Fladen formen oder ausrollen. Die Dinkelfladen im Ofen ca. 10 Minuten backen.

Oben Quinoafladen, Mitte Basisrezept, unten Gewürzfladen mit Kümmel

REZEPTVARIATION

Quinoafladen

Etwa 100 g gemahlene Quinoakörner (Inkagetreide), 1 TL Weinsteinbackpulver, 2 EL Öl nach Wahl, 1/4 TL Salz und gut 100 ml Wasser zu einem glatten Teig verrühren. Diesen ca. 1/4 Stunde ruhen lassen, in 3 Portionen teilen, zu Fladen formen und im vorgeheizten Ofen bei 200 °C ca. 10 Minuten backen.

REZEPTERWEITERUNGEN

Gewürzfladen

Vor dem Backen nach Belieben Kümmel oder grobes Salz auf die Fladen streuen und leicht festdrücken.

Käsefladen

Etwa 100 g geriebenen Emmentaler, Gouda oder zerbröckelten Schafskäse (Feta) vor dem Backen auf die Fladen geben.

PRAKTISCHER TIP

Frisch gebacken und möglichst noch warm schmecken die Fladen am besten. Wenn sie länger liegen, werden sie rasch hart.

VERWENDUNGSTIP

Die Fladen bieten sich zum Abendessen, zum Salat oder einfach als pikanter Snack an.

BASISREZEPT

Gekochte Beerenkonfitüre

- Zubereitungszeit: ca. 3/4 Std.
- Ruhezeit: über Nacht
- Für 4 Gläser à ca. 400 g

BASISZUTATEN

500 g vollreife Erdbeeren

800 g Zucker

600 g Stachelbeeren (nicht vollreif)

1 Die Erdbeeren waschen, putzen, grob zerschneiden, mit etwa 200 g Zucker verrühren, abdecken und über Nacht im Kühlschrank stehen lassen.

2 Am nächsten Tag die Stachelbeeren waschen, putzen, pürieren, durch ein feinmaschiges Sieb passieren und mit zwei Dritteln der Erdbeermasse mischen. Das Ganze bei geöffnetem Topf ca. 1/4 Stunde leicht kochen lassen. Dabei ständig umrühren.

3 Die restliche Erdbeermischung und den restlichen Zucker dazugeben, alles verrühren und ca. 3 Minuten sprudelnd kochen lassen. Eine Gelierprobe machen (→ Praktische Tips).

4 Die fertige Konfitüre dann sofort in gut gespülte Schraubdeckelgläser füllen und diese fest verschließen.

Basisrezept

Brombeer-Stachelbeer-Konfitüre

REZEPTVARIATIONEN

Anstelle der Erdbeeren können die gleiche Menge Himbeeren oder Brombeeren Verwendung finden.

Die Stachelbeeren können durch die ebenfalls pektinreichen roten oder schwarzen Johannisbeeren (→ Praktische Tips) ausgetauscht werden. Die Mengen bleiben stets gleich.

REZEPTERWEITERUNGEN

Feine Konfitüre
Etwas Vanille- oder Zimtzucker verfeinert die Konfitüre.

Aromatisierte Konfitüre
Gegen Ende der Kochzeit etwa 1 TL gehackten frischen Waldmeister unter die Konfitüre rühren.

PRAKTISCHE TIPS

Gelierprobe: Nach der angegebenen Kochzeit etwa 1 TL Konfitüre auf einen kleinen Teller geben, diesen kurz in den Kühlschrank stellen. Erstarrt die Konfitüre noch nicht, muß die Kochzeit um einige Minuten verlängert werden.

Für die Gelierfähigkeit ist der Pektingehalt der verwendeten Früchte verantwortlich. Pektinarme Beerensorten (z. B. Erdbeeren, Himbeeren oder Brombeeren) sollten stets mit noch nicht voll ausgereiften pektinreichen Sorten (z. B. Johannisbeeren oder Stachelbeeren) gemischt werden.

BASISREZEPT

Kalt gerührte Beerenkonfitüre

- Zubereitungszeit: ca. 20 Min.
- Für 2 Gläser à ca. 225 g

BASISZUTATEN

275 g schwarze oder rote Johannisbeeren

175 g Zucker

1 Die Johannisbeeren waschen, in einem Sieb trockenschütteln und von den Rispen streifen.

2 Die Beeren zusammen mit dem Zucker in der Küchenmaschine (Quirleinsatz) oder mit den Quirlen des Handrührgerätes ca. 10 Minuten gut verrühren.

3 Die Konfitüre in kleine, gründlich gespülte Schraubdeckelgläser füllen. Diese fest verschließen.

Links Basisrezept, rechts Kiwikonfitüre

REZEPTVARIATIONEN

Anstelle der Johannisbeeren können etwa 275 g Stachelbeeren oder etwa 250 g Kiwi genommen werden. Die Kiwi vor dem Mixen schälen und kleinschneiden

REZEPTERWEITERUNGEN

Einige Tropfen Zitronen- oder Limettensaft verstärken das Fruchtaroma.

Konfitüre mit Kiwi
Nach Belieben 1 Kiwi schälen, kleinwürfeln und kurz vor dem Abfüllen unter die Konfitüre rühren.

PRAKTISCHE TIPS

Kalt gerührte Konfitüren müssen rasch verbraucht werden, sie verderben schneller als gekochte. Aus diesem Grund alles möglichst in kleine, gut verschließbare Gläschen abfüllen. Die Konfitüre im Kühlschrank aufbewahren und stets mit einem sauberen Teelöffel die gewünschte Menge entnehmen.

Für kalt gerührte Konfitüren eignen sich pektinreiche Früchte wie Johannis- oder Stachelbeeren am besten. Bei pektinarmen Beerensorten (z. B. Erdbeeren, Himbeeren, Brombeeren) etwa 175 g Gelierzucker anstelle des Zuckers verwenden, da die Konfitüre sonst flüssig bleibt.

Es kann auch etwas pflanzliches Bindemittel (z. B. Johannisbrotkernmehl) unter die Konfitüre gerührt werden. Sie wird dann fester.

- Zubereitungszeit: ca. 1 1/2 Std.
- Für 2 Gläser à ca. 175 g

BASISZUTATEN

500 g reife Zwetschgen oder Pflaumen

BASISREZEPT

Obstmus

1 Die Zwetschgen waschen, entsteinen, in einen Topf geben und so lange bei milder Hitze erwärmen, bis der Fruchtsaft austritt.

2 Dann die Hitze erhöhen, den Topf schließen, das Ganze unter gelegentlichem Umrühren ca. 1 Stunde köcheln lassen.

3 Die Masse gründlich durchrühren und eventuell bei geöffnetem Topf kurz etwas einkochen lassen. Das Mus sofort in gut gespülte Schraubdeckelgläser füllen. Diese fest verschließen.

REZEPTVARIATIONEN

Anstelle der Zwetschgen können in gleicher Menge Äpfel oder Birnen verwendet werden. Es empfiehlt sich, 2 bis 3 EL Zitronensaft gleich zu Beginn unterzumengen, damit das Mus nicht graubraun wird. Das Ganze eventuell mit Zukker süßen. Die genannten Obstsorten werden geschält, entkernt und kleingeschnitten.

Rhabarbermus
Etwa 600 g Rhabarber putzen, waschen, kleinschneiden und zusammen mit 4 EL Wasser sowie 150 g Zucker zum Kochen bringen. Das Ganze unter Rühren bei milder Hitze so lange köcheln lassen, bis es dicklich geworden ist.

REZEPTERWEITERUNG

Das bekannte Aroma erhält das Obstmus, wenn eine Zimtstange mitgekocht wird. Diese vor dem Abfüllen entfernen.

REZEPTIDEE

Hagebuttenmus

Etwa 800 g reife, feste Hagebutten waschen, halbieren und die Kernchen sowie Samenhärchen entfernen. Die Früchte und 200 ml Wasser in einen Topf geben. Alles verrühren, aufkochen, und ca. 1/4 Stunde bei milder Hitze köcheln lassen. Das Mus durch ein feines Metallsieb streichen und mit 6 bis 8 EL Zucker, Ahornsirup, Wald- oder Tannenhonig süßen.

PRAKTISCHER TIP

Obstmus hält sich im Kühlschrank ca. 2 Monate. Für eine längere Aufbewahrung muß es sterilisiert werden. Dazu das heiße Mus in kleine Schraubdeckelgläser füllen. Diese gut verschließen und in einen hohen Topf auf ein Leinentuch stellen. Wasser bis zur Füllhöhe des Glasinhalts hineingießen und zum Sieden bringen. Den Topf schließen und das Mus ca. 20 Minuten sterilisieren.

VERWENDUNGSTIPS

Obstmus eignet sich als Brotaufstrich, als Kompott, zum Kuchenbacken, zum Verfeinern von Saucen oder als Beilage zu Wild- und Fleischgerichten. Besonders gut paßt es auch zu süßen Pfannkuchen (→ Rezepte S. 69 und 70).

BASISREZEPT

Süße Gemüsecreme

1 Die Möhren schälen, waschen, kleinwürfeln und mit dem Zucker und dem Wasser in einen kleinen Topf geben. Diesen schließen. Die Möhren weich dünsten.

2 Die Möhren gut abtropfen lassen, mit einem Stabmixer oder einem Pürierstab pürieren und etwas abkühlen lassen. Das Püree mit dem Frischkäse gut verrühren.

- Zubereitungszeit: ca. 3/4 Std.
- Für 8 Portionen

BASISZUTATEN

200 g Möhren
2 EL Zucker
4 EL Wasser
100 g Doppelrahmfrischkäse (aus Kuhmilch)

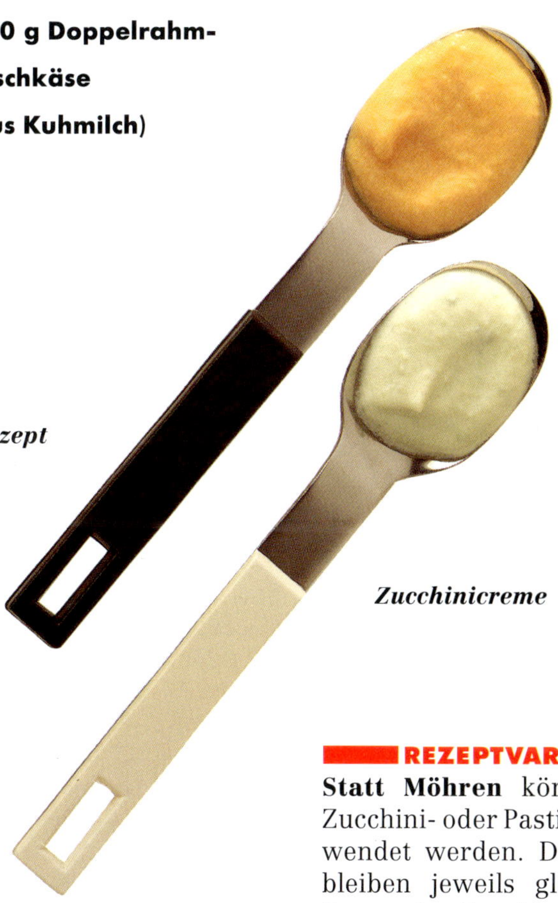

Basisrezept

Zucchinicreme

REZEPTVARIATIONEN

Statt Möhren können auch Zucchini- oder Pastinaken verwendet werden. Die Mengen bleiben jeweils gleich. Zum Garen der Zucchini nur etwa 1 EL Wasser verwenden.

Meerrettichcreme
Etwa 50 g frischen Meerrettich schälen, abspülen, würfeln oder raspeln und wie angegeben dünsten.

Gemüsecreme mit Ziegenkäse
Der Doppelrahmfrischkäse kann durch die gleiche Menge milden Ziegenfrischkäse ersetzt werden.

Anstelle des Zuckers können 1 bis 2 EL Ahornsirup, Wald- oder Tannenhonig genommen werden.

REZEPTERWEITERUNG

Apfel-Gemüse-Creme
Kurz vor dem Servieren einen kleinen Apfel schälen, fein reiben, mit 1 EL Zitronensaft vermischen und unter die Creme rühren.

PRAKTISCHER TIP

Die Gemüsecreme hält sich im Kühlschrank 2 bis 3 Tage. Sie kann in eine Kunststoffdose oder ein Schraubdeckelglas abgefüllt werden.

BASISREZEPT

Fleischrilettes

- Zubereitungszeit: ca. 4 1/2 Std.
- Zeit zum Kühlen: über Nacht
- Für 12 Portionen

BASISZUTATEN

1 kg Kaninchenteile (z. B. Keulen und Rücken)
2 Möhren
3 TL getrockneter Thymian
2 TL Salz

1 Die Kaninchenteile kalt abwaschen und in einem großen Topf gut mit kaltem Wasser bedecken. Die Möhren putzen, waschen, grob zerteilen, zusammen mit dem Thymian und dem Salz dazugeben.

2 Das Ganze aufkochen und bei ganz milder Hitze im halb geschlossenen Topf 3 bis 4 Stunden köcheln lassen. Anschließend alles in ein Metallsieb geben, die Brühe abtropfen lassen und auffangen.

3 Das Fleisch von den Knochen lösen, mit einer Gabel in grobe Fasern zupfen oder klein würfeln und in einer Schüssel mit soviel Brühe verrühren, bis die Mischung cremig ist.

4 Das Ganze in eine Terrinenform (ca. 1 l Inhalt) füllen, diese mit Klarsichtfolie abdekken und über Nacht in den Kühlschrank stellen.

Basisrezept

REZEPTVARIATIONEN

Statt Kaninchen kann die gleiche Menge an Geflügelteilen (z. B. Puten- oder Hähnchenkeulen) oder 600 g Kalbfleisch aus der Schulter verwendet werden.

Anstelle der Fleischbrühe kann die gleiche Menge Geflügel- oder Gemüsebrühe (→ Rezepte S. 129 und 128) genommen werden.

Die Möhren gegen 2 Pastinaken oder 1 kleine Stange Lauch getauscht werden.

Anstelle des Thymians kann die gleiche Menge an getrocknetem Oregano, Majoran, Rosmarin oder Basilikum genommen werden.

REZEPTERWEITERUNGEN

Cremige Rilettes
Das Ganze wird cremiger, wenn 250 g frischer Schweinebauch (ohne Schwarte) mitgegart und dann mitverarbeitet wird.

Scharfe Rilettes
Etwa 2 EL schwarze oder weiße Pfefferkörner mitkochen und beim Abseihen entfernen (→ Schritt 2).

PRAKTISCHER TIP

Mit Klarsichtfolie oder einem Deckel gut abgedeckt, hält sich die Rilettes im Kühlschrank ca. 4 Tage. Wenn sie dick mit zerlassenem Schweineschmalz bestrichen wird, kann sie gekühlt ca. 2 Wochen aufbewahrt werden. Portionsweise tiefgefroren, hält die Rilettes sich ca. 2 Monate.

BASISREZEPT

Leber-streichwurst

- Zubereitungszeit: ca. 25 Min.
- Für 6 Portionen

BASISZUTATEN

200 g Rinderleber
2 EL Butter
etwas Salz

1 Die Leber kalt abwaschen, trockentupfen, sorgfältig von allen Häutchen befreien und grob würfeln. Die Würfel im Fett bei mittlerer Hitze rundherum ca. 3 Minuten anbraten und dann noch ca. 5 Minuten bei mittlerer Hitze ziehen lassen.

2 Die Leber mit einem Stabmixer oder einem Pürierstab pürieren. Die Creme mit Salz abschmecken.

Leberwurst mit Salbei

REZEPTVARIATIONEN

Statt der Rinderleber kann auch solche von Schwein, Kalb, Huhn oder Pute verwendet werden. Die Menge bleibt jeweils gleich.

Die Butter kann gegen die gleiche Menge milchfreie Margarine ausgetauscht werden.

REZEPTERWEITERUNGEN

Passende Würzzutaten: gemahlener weißer oder schwarzer Pfeffer, zerstoßene grüne Pfefferkörner, gemahlener Kardamom oder Cayennepfeffer, edelsüßes Paprikapulver, Majoran, Thymian, Oregano, Salbei, Estragon oder Schnittlauchröllchen.

Milde Leber-Fleisch-Wurst
Je zur Hälfte Leber und nicht zu mageres Fleisch der gewählten Tierart (→ Rezeptvariationen) verwenden. Das Fleisch in sehr dünne Streifen schneiden und zusammen mit der Leber garen (→ Schritt 1).

Cremige Streichwurst
Etwa 2 EL Crème fraîche unter die fertige Streichwurst rühren. So wird die Leberwurst geschmeidiger.

PRAKTISCHE TIPS

Die Streichwurst hält sich, in eine Kunststoffdose oder ein Schraubdeckelglas abgefüllt, im Kühlschrank ca. 2 Tage.

Manche Metzger sind durchaus bereit, Wurst auf speziellen Wunsch mit wenigen vorgegebenen Zutaten und ohne Zusätze herzustellen, wenn entsprechende Mengen (etwa ab 5 kg) abgenommen werden. Je nach Wurstsorte kann diese durch Einkochen (z. B. Streichwurst in Dosen oder Gläser) oder Einfrieren (z. B. Wurst im Darm) haltbar gemacht werden. Bei Bedarf im Fachgeschäft nachfragen.

BASISREZEPT

Gemüsebrühe

- Zubereitungszeit: ca. 1 3/4 Std.
- Für ca. 2 l

BASISZUTATEN

1,25 kg gemischtes Gemüse (Lauch, Wirsing, Möhren)
3 l Wasser
2 TL getrockneter Thymian

1 Das Gemüse putzen, waschen und grob zerschneiden. Auch Schalen und Abschnitte mit verwenden.

2 Das Gemüse zusammen mit dem Wasser und dem Thymian in einem großen Topf aufkochen. Das Ganze bei sehr milder Hitze ca. 1 1/2 Stunden ziehen lassen.

3 Die fertige Brühe durch ein feinmaschiges Metallsieb abseihen.

REZEPTVARIATIONEN

Anstelle der angegebenen Gemüsesorten können auch Blumen- oder Rosenkohl, Wirsing, Weißkohl, Brokkoli, Pastinaken oder Schwarzwurzeln, Zwiebeln, Stangensellerie, Zucchini, Tomaten, Paprikaschoten, Kohlrabi oder Fenchel verwendet werden.

Der Thymian kann durch getrockneten Rosmarin oder Majoran, durch frische Blattpetersilie, frisches Bohnenkraut oder frischen Liebstöckel ersetzt werden.

REZEPTERWEITERUNGEN

Die angegebene Gemüseauswahl kann nach Belieben erweitert werden (Beispiele → Rezeptvariationen).

Etwa 200 g frische Champignons waschen, vierteln und zusammen mit dem Gemüse auskochen.

PRAKTISCHE TIPS

Fonds
Um einen kräftigen Fond zu erhalten, müssen die Zutaten anfangs in etwas Öl nach Wahl angebraten werden. Für helle Fonds alles nur goldgelb, für dunkle Fonds alles sehr kräftig anbraten. Später die Flüssigkeit auf etwa ein Viertel der ursprünglichen Menge einkochen lassen.

Extrakte
Läßt man einen Fond noch weiter einkochen, entsteht ein würziger Extrakt. Dieser wird zum Abschmecken von pikanten Gerichten verwendet.

Brühen, Fonds und Extrakte lassen sich prima einfrieren. Sie sollten allerdings innerhalb eines Jahres verbraucht werden. Geeignete Gefrierbehältnisse sind neben entsprechenden Kunststoffdosen auch Eiskugelbeutel.

VERWENDUNGSTIPS

Brühen sind meist Grundlage für klare und cremige Suppen sowie für Eintöpfe. Sie werden aber auch bei vielen anderen Rezepten benötigt. So finden sie Verwendung beim Ablöschen von Schmorbraten, von Geschnetzeltem und von angebratenem Gemüse oder beim Zubereiten von Gulasch und Ragouts.

Fonds dienen als Saucengrundlage oder zum Verfeinern von pikanten Speisen.

Extrakte zum Abschmecken von pikanten Gerichten verwenden.

BASISREZEPT

Geflügelbrühe

- Zubereitungszeit: ca. 2 1/4 Std.
- Für ca. 2 l

BASISZUTATEN

1 Suppenhuhn
(ca. 1,8 kg)
3 l kaltes Wasser
5 mittelgroße Möhren
2 mittelgroße Zwiebeln

1 Das Huhn kalt abwaschen, in einen großen Topf legen und das Wasser angießen.

2 Das Gemüse putzen bzw. schälen, grob zerteilen und dazugeben. Das Ganze aufkochen, die Hitze reduzieren und den Schaum abschöpfen.

3 Das Geflügel bei milder Hitze ca. 2 Stunden köcheln lassen, dabei ab und zu den Schaum abschöpfen.

4 Anschließend die fertige Brühe durch ein feinmaschiges Metallsieb abseihen.

REZEPTVARIATIONEN

Anstelle des Suppenhuhns 4 Putenflügel oder 3 bis 4 Putenunterkeulen verwenden.

Anstelle der Möhren können 4 bis 5 Pastinaken genommen werden.

Die Zwiebeln können gegen 1 mittelgroße Stange Lauch ausgetauscht werden.

REZEPTERWEITERUNGEN

Passende Kräuter und Gewürze: 2 Lorbeerblätter, 2 bis 3 Nelken, 1 bis 2 Zweige Thymian oder Rosmarin, frische Blattpetersilie, etwa 10 zerdrückte schwarze oder weiße Pfefferkörner. Die Zutaten von Anfang an mitkochen.

PRAKTISCHE TIPS

→ Rezept Gemüsebrühe, S. 128

VERWENDUNGSTIPS

→ Rezept Gemüsebrühe, S. 128

Basisrezept

BASISREZEPT

Fleischbrühe

- Zubereitungszeit: ca. 2 3/4 Std.
- Für ca. 2 l

BASISZUTATEN

1,5 kg Suppenfleisch vom Rind
oder 1 kg Suppenfleisch und 500 g Suppenknochen vom Rind
2 mittelgroße Zwiebeln
4 mittelgroße Möhren
3 l kaltes Wasser

1 Das Fleisch und eventuell die Knochen kalt abwaschen. Die Zwiebeln schälen und vierteln. Die Möhren putzen, waschen und grob zerteilen. Alles in einen Topf geben und mit dem Wasser aufgießen.

2 Das Wasser aufkochen und die Brühe bei milder Hitze gut 2 1/2 Stunden sanft köcheln lassen, dabei ab und zu den Schaum abschöpfen.

3 Anschließend die fertige Brühe durch ein feinmaschiges Metallsieb abseihen.

REZEPTVARIATIONEN

Statt Rindfleisch und Rinderknochen können auch Fleisch und Knochen vom Schwein, Kalb, Lamm, Kaninchen, Hasen, Reh oder anderem Wild genommen werden.

Anstelle der Möhren können 4 Pastinaken, 1 große Stange Lauch oder 3 mittelgroße Stangen Stangensellerie verwendet werden.

Die Zwiebeln können durch eine mittelgroße Stange Lauch ersetzt werden.

REZEPTERWEITERUNGEN

Passende Kräuter und Gewürze: 2 Lorbeerblätter, 2 bis 3 Nelken, 1 bis 2 Zweige Thymian oder Rosmarin, frische Blattpetersilie oder Petersilienwurzel, etwa 10 zerdrückte schwarze oder weiße Pfefferkörner. Die Zutaten von Beginn an mitkochen.

PRAKTISCHE TIPS

→ Rezept Gemüsebrühe, S. 128

VERWENDUNGSTIPS

→ Rezept Gemüsebrühe, S. 128

Fischbrühe

BASISREZEPT

- Zubereitungszeit: ca. 3/4 Std.
- Für ca. 2 l

BASISZUTATEN

1 kg Süßwasserfischabschnitte (Köpfe, Gräten, Schwanzstücke) von Forelle, Hecht und Karpfen

2 mittelgroße Zwiebeln

3 l kaltes Wasser

1 Die Fischabschnitte waschen und die Kiemen entfernen. Die Zwiebeln schälen und vierteln.

2 Alles zusammen mit dem Wasser in einem großen Topf aufkochen, dann bei milder Hitze ca. 20 Minuten sanft köcheln lassen, dabei den Schaum abschöpfen.

3 Die fertige Brühe durch ein feinmaschiges Metallsieb abseihen.

Basisrezept

REZEPTVARIATIONEN

Anstelle der angegebenen Fische können auch andere Süßwasserfische, wie z. B. Flußbarsch, Äsche oder Zander, Schleie, Waller sowie Saibling, oder Salzwasserfische, wie z. B. Kabeljau, Rotbarsch, Heilbutt, Scholle, Wittling oder Seelachs, verwendet werden.

Die Zwiebeln können durch 1 mittelgroße Stange Lauch ersetzt werden.

REZEPTERWEITERUNGEN

Passende Kräuter und Gewürze: Thymian, frische Blattpetersilie und frischer Kerbel, etwa 10 zerdrückte weiße Pfefferkörner, 2 frische Knoblauchzehen. Die Zutaten von Anfang an mitkochen.

Kräftige Fischbrühe
1 bis 2 Stangen Stangensellerie, 1 kleine Fenchelknolle und 1/2 kleine Stange Lauch putzen, waschen, kleinschneiden und von Beginn an mitkochen.

PRAKTISCHE TIPS

→ Rezept Gemüsebrühe, S. 128

VERWENDUNGSTIPS

→ Rezept Gemüsebrühe, S. 128

BASISREZEPT

Tomatenmark

- Zubereitungszeit: ca. 1 1/2 Std.
- Für ca. 240 ml

BASISZUTATEN

1 kg vollreife Tomaten (möglichst Eier- bzw. Flaschentomaten)
100 ml Wasser
2 TL Salz

1 Die Tomaten waschen, grob zerteilen, von den Stielansätzen befreien und mit dem Wasser sowie dem Salz in einem Topf verrühren. Alles aufkochen und bei offenem Topf ca. 1/4 Stunde kochen lassen.

2 Die Tomatenmasse durch ein feines Metallsieb passieren. Das Püree bei mittlerer Hitze ca. 1 Stunde lang einkochen lassen. Dabei anfangs ab und zu, zum Schluß ständig umrühren.

3 Das fertige Tomatenmark sofort in gut gespülte Schraubdeckelgläschen füllen. Diese fest verschließen.

Würziges Tomatenmark mit Salbei

REZEPTERWEITERUNGEN

Würziges Tomatenmark
Zur Herstellung bieten sich gemahlener weißer Pfeffer, edelsüßes Paprikapulver sowie in getrockneter und gerebelter Form Thymian, Majoran, Oregano oder Salbei an. Die jeweils zu verwendenden Mengen richten sich nach den eigenen Geschmacksvorlieben.

PRAKTISCHER TIP

Das Tomatenmark hält sich im Kühlschrank ca. 6 Wochen. Für eine längere Aufbewahrung muß es sterilisiert werden. Dazu das Mark bis etwa 1 cm unter den Rand in kleine, gut gespülte Schraubdeckelgläser füllen. Diese fest verschließen. Dann das Ganze wie im Rezept „Tomatenketchup" beschrieben (→ nächstes Rezept) etwa 20 Minuten sterilisieren.

BASISREZEPT

Tomaten-ketchup

- Zubereitungszeit: ca. 1 1/2 Std.
- Für ca. 450 ml

BASISZUTATEN

1 kg vollreife Tomaten

etwas Salz

1 EL Essigessenz

4 EL Wasser

3 EL brauner Zucker

gemahlener weißer Pfeffer nach Belieben

1 Die Tomaten waschen, grob zerteilen, von den Stielansätzen befreien und mit den anderen Zutaten in einen Topf geben. Das Ganze unter Rühren aufkochen und dann bei niedriger Hitze unter häufigem Umrühren ca. 1 Stunde köcheln lassen.

2 Dann die Tomatenmischung durch ein feines Metallsieb in einen Topf streichen, nochmals aufkochen, ca. 10 Minuten einkochen lassen, pikant abschmecken, in gut gespülte Glasfläschchen füllen und diese fest verschließen.

Gewürzketchup mit Thymian

Gewürzketchup
Zur Herstellung bieten sich Currypulver (→ Rezept S. 134), Koriander- und edelsüßes Paprikapulver, Cayennepfeffer sowie getrockneter Thymian, Salbei oder Majoran an. Die jeweils zu verwendenden Mengen richten sich nach den eigenen Geschmacksvorlieben.

REZEPTERWEITERUNGEN

Wird 1 Zimtstange mitgekocht (→ Schritt 1), verfeinert sich das Aroma.

Anfangs 500 g Zwiebeln schälen, fein würfeln und in 2 EL Öl nach Wahl oder Butter glasig werden lassen. Vorbereitete Tomaten und übrige Zutaten dazugeben und das Tomatenketchup wie oben angegeben fertigstellen.

PRAKTISCHE TIPS

Besonders aromatisch sind die länglichen Eier- bzw. Flaschentomaten. Solche Sorten bevorzugt verwenden.

Das Ketchup ist im Kühlschrank ca. 6 Wochen haltbar. Für eine längere Aufbewahrung muß es sterilisiert werden. Dazu das Ketchup in gründlich gespülte Schraubdeckelgläser oder -flaschen füllen. Diese fest verschließen und in einen hohen Topf auf ein Leinentuch stellen. Wasser bis zur Füllhöhe des Glas- oder Flascheninhalts hineingießen und zum Sieden bringen. Den Topf schließen und das Ketchup ca. 1/2 Stunde sterilisieren.

BASISREZEPT

Senf

- Zubereitungszeit: ca. 1/4 Std.
- Für ca. 140 g

BASISZUTATEN

50 g Senfmehl (fein gemahlene Senfkörner)
6 EL Wasser
1 EL Essigessenz
1/2 TL Salz
1 EL Zucker

Basisrezept

1 Das Senfmehl mit etwa 3 EL Wasser glattrühren. Die übrigen Zutaten mit dem restlichen Wasser in einem kleinen Topf ganz kurz aufkochen lassen. Diesen Sud mit der Senfpaste gut verrühren.

2 Den Senf in ein gut gespültes Schraubdeckelglas füllen. Dieses fest verschließen.

REZEPTERWEITERUNGEN

Gewürzsenf
Zur Herstellung bieten sich gemahlener weißer Pfeffer, geriebener Meerrettich, Tannen- oder Waldhonig sowie getrockneter Estragon, Majoran, Thymian oder Rosmarin an. Die jeweils zu verwendenden Gewürzmengen richten sich nach den eigenen Geschmacksvorlieben.

PRAKTISCHE TIPS

Senfmehl gibt es im Reformhaus zu kaufen. Wird es selbst gemahlen, sollten je zur Hälfte die milden gelben und die sehr würzigen schwarzen Senfkörner genommen werden.

Der Senf hält sich im Kühlschrank ca. 1/2 Jahr, wenn das Glas stets fest verschlossen ist.

Senfmehl entfaltet sein Aroma erst nach ca. 10 Minuten. Bedenken Sie dies beim Abschmecken von Speisen.

BASISREZEPT

Currypulver

- Zubereitungszeit: ca. 20 Min.
- Für 1 kleines Glas

BASISZUTATEN

1 EL Kreuzkümmelsamen
2 EL Koriandersamen
1 TL Kardamomkapseln
1 TL weiße Pfefferkörner
2 Zimtstangen (ersatzweise 2 TL Zimtpulver)
1 TL Gewürznelken
1/2 Muskatnuß
1 TL Kurkumapulver

1 In einer trockenen Pfanne nach und nach alle Zutaten bis auf die Muskatnuß kurz anrösten. Die Koriandersamen aus den Schalen lösen. Diese nicht weiterverwenden.

2 Alles im Mörser fein zerstoßen oder besser in einer sauberen Kaffeemühle bzw. in einer Küchenmaschine fein mahlen.

3 Die Muskatnuß auf einer Muskatreibe dazureiben und das Kurkumapulver dazugeben. Das Ganze gründlich mischen und in ein Schraubdeckelglas füllen.

REZEPTERWEITERUNGEN

Die Currybasismischung läßt sich um folgende Gewürze erweitern: getrocknete Chilischoten, Senfkörner, Ingwerpulver, Bockshornklee- und Fenchelsamen sowie Muskatblüte (Macis). Alles muß fein gemahlen werden. Die jeweils zu verwendenden Mengen richten sich nach den eigenen Geschmacksvorlieben.

PRAKTISCHER TIP

Luftdicht (z. B. im Schraubdeckelglas) verpackt und dunkel gelagert (z. B. im Küchenschrank), kann die Gewürzmischung ca. 1 Jahr lang aufbewahrt werden.

BASISREZEPT

Mayonnaise

- Zubereitungszeit: ca. 10 Min.
- Für ca. 250 g

BASISZUTATEN

2 ganz frische Eigelb

1 Prise Salz

200 ml Öl nach Wahl

1 Die Eigelbe in einer schmalen und zugleich hohen Schüssel zusammen mit dem Salz cremig rühren.

2 Das Öl zuerst tropfenweise, dann in einem dünnen Strahl kräftig darunterschlagen.

REZEPTVARIATIONEN

Leichte Mayonnaise
Für eine kalorienärmere Variante nur etwa 150 ml Öl verwenden. Anschließend 100 g Kuh- oder Schafmilchjoghurt darunterrühren.

Knoblauchmayonnaise
Für mindestens die Hälfte des Ölanteils ein Olivenöl nehmen. Zum Schluß 3 bis 4 frisch gepreßte Knoblauchzehen unter die Mayonnaise rühren.

REZEPTERWEITERUNGEN

Passende Würzzutaten: gemahlener weißer Pfeffer, Senf (→ Rezept S. 134), frisch gepreßter Knoblauch, Basilikum, Dillspitzen, frisch gehackte Blattpetersilie oder Schnittlauchröllchen.

Die Mayonnaise kann mit 2 TL Zitronensaft oder 1 bis 2 TL Würzessig (→ Rezepte S. 136) verfeinert werden. Die Flüssigkeiten jeweils am Anfang mit den Eigelben verrühren.

PRAKTISCHE TIPS

Mayonnaise läßt sich am besten mit dem elektrischen Handrührgerät (Quirle) oder in einem elektrischen Mixer bzw. Mixaufsatz zubereiten.
Beim Aufschlagen einer Mayonnaise ist Geduld gefragt.

Das Öl keinesfalls zu schnell zur Eigelbmasse gießen, sonst verbinden sich die Zutaten nicht.

Abgefüllt in ein gut gespültes Schraubdeckelglas hält sich die Mayonnaise im Kühlschrank ca. 1 Woche.

VERWENDUNGSTIPS

Mayonnaise kann als Würzzutat (z. B. für Salatsaucen), als Salatdressing (z. B. die Joghurtvariante) oder als Dip Verwendung finden.

BASISREZEPT

Würzessig

- Zubereitungszeit: ca. 1/4 Std.
- Zeit zum Durchziehen: ca. 1 Woche
- Für ca. 1/2 l Himbeeressig

BASISZUTATEN

200 g frische Himbeeren

100 ml Essigessenz

ca. 400 ml kaltes Wasser

1 Die Himbeeren verlesen, waschen, gut abtropfen lassen und in eine saubere Schraubdeckelflasche geben.

2 Das Ganze mit der Essigessenz und dem Wasser auffüllen. Die Flasche fest verschließen und kurz schütteln.

3 Alles ca. 1 Woche ziehen lassen, dann den Essig abseihen, wieder in die Flasche abfüllen und diese fest verschließen.

Basisrezept

REZEPTVARIATIONEN

Anstelle der Himbeeren können auch andere Geschmackszutaten verwendet werden. Im folgenden einige Beispiele.

Zitronenessig
2 kleine, unbehandelte Zitronen heiß abwaschen, gründlich abreiben, in dünne Scheiben schneiden und in eine Flasche geben. Das Ganze wie im Basisrezept angegeben fertigstellen.

Knoblauchessig
4 bis 5 Knoblauchzehen schälen, in dünne Scheiben schneiden und in eine Flasche geben. Dann wie im Basisrezept angegeben verfahren.

Lorbeeressig
8 bis 10 frische Lorbeerblätter zum Essig geben. Dann wie im Basisrezept angegeben verfahren.

Thymianessig
4 bis 5 frische Thymianzweige waschen, trockentupfen und zum Essig geben. Dann wie im Basisrezept angegeben verfahren.

Estragonessig
Etwa 3 frische Estragonzweige waschen, trockentupfen und zum Essig geben. Dann wie im Basisrezept angegeben verfahren.

Ganz links Knoblauchessig,
links Lorbeeressig,
Mitte Thymianessig,
rechts Estragonessig,
ganz rechts Zitronenessig

BASISREZEPT

Vanillezucker

- Zubereitungszeit: ca. 10 Min.
- Zeit zum Durchziehen: mind. 4 Wochen
- Für ca. 250 g

BASISZUTATEN

Mark von 2 Vanilleschoten

250 g Zucker

1 Das Vanillemark zusammen mit dem Zucker gut vermischen, alles in ein sauberes Schraubdeckelglas füllen. Die Vanilleschoten hineingeben.

2 Das Glas gut verschließen. Die Mischung mind. 4 Wochen durchziehen lassen.

Basisrezept

REZEPTIDEEN

Zitronen- oder Orangenzucker
3 bis 4 unbehandelte Zitronen oder Orangen heiß abspülen, trockenreiben, die Schale fein abreiben und mit dem Zucker mischen.

PRAKTISCHE TIPS

Der Vanillezucker hält sich bei trockener Lagerung 1 Jahr.

Wenn beim Backen oder Kochen ausgekratzte Vanilleschoten übrig bleiben, diese einfach zusätzlich in das Zuckerglas geben. Das Aroma der Schoten geht in den Zucker über.

BASISREZEPT

Marzipan

- Zubereitungszeit: ca. 1/2 Std.
- Für ca. 200 g

BASISZUTATEN

100 g geschälte Mandelkerne

100 g Puderzucker

1 Die Mandeln zweimal durch eine Mandelmühle drehen oder in einer Küchenmaschine ganz fein mahlen.

2 Die Masse mit dem Puderzucker und mit soviel Wasser verkneten, bis sie geschmeidig ist, dann entsprechend weiterverarbeiten (z. B. Konfekt-, Torten- und Gebäckherstellung).

REZEPTVARIATIONEN

Walnußmarzipan
Statt der Mandeln die gleiche Menge frische Walnußkerne verwenden.

Pistazienmarzipan
Anstelle der Mandeln die gleiche Menge geschälte, ungesalzene Pistazienkerne nehmen.

REZEPTERWEITERUNGEN

Edles Marzipan
Anstelle des Wassers etwa 1 EL Rosenwasser (aus der Apotheke) verwenden.

Aromatisiertes Marzipan
Etwa 1 TL abgeriebene Schale einer unbehandelten Zitrone, Limette oder Orange darunterkneten. Die Zitrusfrüchte zuvor heiß abspülen und gut trockenreiben.

PRAKTISCHE TIPS

In Klarsichtfolie verpackt, hält sich das Marzipan im Kühlschrank ca. 4 Wochen. Vor der Verwendung sollte das Marzipan stets erneut durchgeknetet werden.

VERWENDUNGSTIPS

Marzipan kann zur Konfektherstellung oder zum Verfeinern bzw. zum Dekorieren von Süßspeisen oder Kuchen verwendet werden.

BASISREZEPT

Tortenguß

- Zubereitungszeit: ca. 10 Min.
- Für 1 Obstbodenguß

BASISZUTATEN

3 Blatt weiße Gelatine

1/4 l Wasser

2 EL Zucker

1 Die Gelatine laut Packungsbeschreibung einweichen, dann tropfnaß zusammen mit dem Wasser in einen kleinen Topf geben und bei milder Hitze auflösen.

2 Den Zucker hineinrühren, bis er gelöst ist. Den Guß etwas abkühlen lassen und zügig auf dem Kuchen verteilen.

REZEPTVARIATIONEN

Fruchtiger Tortenguß
Anstelle des Wassers die gleiche Menge frisch gepreßten Fruchtsaft, wie z. B. Orangen-, Johannisbeer-, Himbeer- oder Kirschsaft nehmen.

Der Zucker kann durch die gleiche Menge Ahornsirup ersetzt werden.

Statt der Gelatine, die aus tierischen Knochen hergestellt wird, können auch pflanzliche Bindemittel, wie z. B. Agar-Agar oder Johannisbrotkernmehl, verwendet werden. Diese sind im Reformhaus erhältlich. Die genaue Verwendung ist der jeweiligen Packungsbeschreibung zu entnehmen.

BASISREZEPT

Krokant

- Zubereitungszeit: ca. 10 Min.
- Für ca. 100 g

BASISZUTATEN

50 gehackte, geschälte Mandeln

50 g Zucker

1 Ein Stück Backpapier (Größe ca. 40 x 40 cm) bereitlegen. Die Mandeln und den Zucker in eine beschichtete Pfanne geben. Das Ganze unter Rühren langsam erhitzen, bis der Zukker geschmolzen und die Mischung goldbraun ist.

2 Die karamelisierten Mandeln sofort auf dem Backpapier verteilen und auskühlen lassen. Dann den Krokant zerbröckeln und entsprechend weiterverwenden (→ Verwendungstips).

REZEPTVARIATIONEN

Anstelle der Mandeln kann die gleiche Menge gehackte geschälte Hasel-, Wal-, Para- oder Pekannüsse verwendet werden. Die Nüsse eventuell selbst in einer Küchenmaschine hacken.

PRAKTISCHER TIP

Bei trockener und kühler Lagerung hält sich der Krokant mehrere Wochen lang. Für die Aufbewahrung eignet sich ein Schraubdeckelglas.

VERWENDUNGSTIPS

Mit Krokant können Torten und andere Kuchen sowie Süßspeisen aller Art (z. B. Pudding oder Eis) verziert werden.

Rezeptverzeichnis

Hinweis:

In diesem Rezeptverzeichnis sind alle Basisrezepte sowie die Rezeptideen aufgenommen und ihrer jeweiligen „Gerichtart“ zugeordnet. Die Vielzahl an Rezeptvariationen und Rezepterweiterungen (→ „Hinweise zu den Rezepten“, S. 34 bis 35) konnten nicht berücksichtigt werden. Sie finden sie beim jeweiligen Rezept. Lesen Sie also auf jeden Fall in die Rezepte hinein, und suchen Sie die für Sie in Frage kommenden Variationen heraus.

Hauptgerichte mit Fleisch, Wild und Geflügel

Hauptgerichte mit Fisch und Meeresfrüchten

Hauptgerichte mit Gemüse

Süße Hauptgerichte

Stärkebeilagen

Gemüsebeilagen

Pikante Saucen

Salatsaucen

Dessertsaucen

Desserts

Konfekt, Bonbons und Co.

Kuchenteige

Kuchen und Gebäck

Brote und Fladenbrote

Brotaufstriche

Brühen und Fonds

Würzmittel

Backzutaten

Register

Weiterführende Literatur

Nahrungsmittelallergien – so ernähren Sie sich richtig, S. Borelli, J. von Mayenburg, E. Polster. FALKEN Verlag GmbH, Niedernhausen (1989).

Allergie – was tun? Ein Experte berät, E. Fuchs. Serie Piper Gesundheit, München (1992).

Unser Kind ist allergisch, Arbeitsgemeinschaft allergiekrankes Kind (Hrsg.). Otto Maier Verlag, Ravensburg (1989).

Manuale Allergologicum (Lehrbuch), E. Fuchs, K.-H. Schulz (Hrsg.). DUSTRI Verlag Dr. K. Feistle, Deisenhofen (1988).

Echte und vermeintliche Risiken der Ernährung, H. Erbersdobler, G. Wolfram (Hrsg.). Wiss. Verlagsgesellschaft, Stuttgart (1993).

Angewandte Allergologie, J. Ring. MMV-Verlag, München (1988).

Lehrbuch der klinischen Allergie, K. Hansen, M. Werner (Hrsg.). Georg Thieme Verlag, Stuttgart (1967). (Im Handel nicht mehr erhältlich, kann in Bibliotheken eingesehen werden.)

Nahrungsmittelallergie – Immunologie, Allergologie, Pseudo-Allergie, H.-J. Reimann (Hrsg.). DUSTRI Verlag Dr. K. Feistle, Deisenhofen (1989).

Neurodermitis. Ratgeber zur Vorbeugung, Behandlung und Hautpflege der Neurodermitis (atpoisches Ekzem), R. K. Achenbach. Trias, Georg Thieme Verlag, Stuttgart (1989).

Grüne Liste. Verzeichnis diätetischer und diätgeeigneter Lebensmittel, Bundesverband der diätetischen Lebensmittelindustrie. Editio Cantor, Aulendorf (1992).

Haltbarmachen mit natürlichen Konservierungsmethoden, M. Bustorf-Hirsch. FALKEN Verlag GmbH, Niedernhausen (1993).

Die aktuelle Vitamin- und Mineralstofftabelle, H. Oberritter. FALKEN Verlag GmbH, Niedernhausen (1992).

Die aktuelle E-Zusatzstoff-Tabelle, T. Pilgram, E. Dahl. FALKEN Verlag GmbH, Niedernhausen (1992).

Lebensmittelführer. Inhalte, Zusätze, Rückstände. Band 1: Fleisch, Fisch, Eier, Milch, Fett, Gewürze und Süßwaren. Band 2: Obst, Gemüse, Getreide, Brot, Wasser, Getränke. Georg Thieme Verlag, Stuttgart (1990).

Lehrbuch der Ernährungstherapie, K. Huth, R. Kluthe. Georg Thieme Verlag, Stuttgart (1992).

Ernährungsbericht 1988, Deutsche Gesellschaft für Ernährung e.V. DGE e.V., Frankfurt/Main (1988).

Ernährungsbericht 1992, Deutsche Gesellschaft für Ernährung e.V. DGE e.V., Frankfurt/Main (1992).

Nahrungsmittelallergien bei Pollenallergikern (sog. pollenassoziierte Nahrungsmittelallergien), Cl. Thiel. Allergologie 10, 397 – 410 (1988).

Nahrungsmittelallergien im HNO-Bereich, Cl. Thiel. In: HNO-Praxis heute, Bd 6, 87 – 100, Springer-Verlag, Berlin (1986).

Asthma durch Nahrungsmittel, Cl. Thiel. In: Asthma, G. Schultze-Werninghaus, M. Debelic (Hrsg.), Springer Verlag, Heidelberg (1988).

Allergenkarenz bei Nahrungsmittelallergie, Cl. Thiel. In: Manuale Allergologicum, E. Fuchs, K.-H. Schulz (Hrsg.). DUSTRI Verlag, Dr. K. Feistle, Deisenhofen (1988).

Allergische Reaktionen am Verdauungstrakt, Cl. Thiel. In: Manuale Allergologicum, E. Fuchs, K.-H. Schulz (Hrsg.). DUSTRI Verlag, Dr. K. Feistle, Deisenhofen (1988).

Nahrungsmittelallergie, Cl. Thiel. In: Internist 32, 578 – 586 (1991).

Lebensmittelallergie- und Intoleranzreaktionen, Cl. Thiel. In: Z. Ernährungswiss. 30, 158 – 173 (1991).

Nahrungsmittelallergien, B. Wüthrich, T. Hofer. Schweiz. med. Wschr. 115, 1428 – 1436, und 1437 – 1442 (1985); 116, 1401 – 1410 (1986).

Die Deutsche Bibliothek – CIP-Einheitsaufnahme

Kochen und Backen bei Nahrungsmittelallergien / Claudia Thiel ;
Angelika Ilies. – Niedernhausen/Ts. : FALKEN, 1994
ISBN 3-8068-4745-2
NE: Thiel, Claudia; Ilies, Angelika

ISBN 3 8068 4745 2

Umschlaggestaltung: Peter Udo Pinzer
Gestaltungskonzeption: Christa-Johanna Gramm
Redaktion: Silvia Faller
Herstellung: Reckels, Schneider-Reckels, Weber, Wiesbaden
Titelbild: TLC-Foto-Studio GmbH, Velen-Ramsdorf („Schaschlik", Rezept S. 48)
Fotos: S. 4, 5, 6, 7, 9, 13, 15, 16, 17, 19, 21, 23, 24, 26, 34, 35, 38 (Paprikaschoten), 39 (Tymian), 46 (Rosmarin), 70 (Eier), 72 (Petersilie), 73 (Muskatnuß), 92 (Joghurt), 96 (Datteln), 102 (Datteln), 114 (Ananas), 116 (Mehl), 123 (Johannisbeeren), 124, 128, 135 (Basilikum), 136 (Zitronen), 144 FALKEN Archiv; S. 32 (Dämpfgerät) AG SIGG, Frauenfeld (Schweiz); alle übrigen Fotos TLC-Foto-Studio GmbH Velen-Ramsdorf

Satz: Grunewald Satz & Repro GmbH, Kassel
Druck: Karl Neef GmbH & Co., Wittingen

817 2635 4453 6271